자본론

자본의 감추어진 진실 혹은 거짓

청소년 철학창고 08

자본론 자본의 감추어진 진실 혹은 거짓

초판 1쇄 발행 2005년 12월 27일 | 초판 13쇄 발행 2023년 12월 8일

풀어쓴이 손철성
펴낸이 홍석 | 이사 홍성우 | 기획 채희석
인문편집부장 박월 | 편집 박주혜·조준태
표지 디자인 황종환 | 본문 디자인 서은경
마케팅 이송희·김민경 | 관리 최우리·정원경·홍보람·조영행·김지혜
펴낸곳 도서출판 풀빛 | 등록 1979년 3월 6일 제2021-000055호
주소 07547 서울시 강서구 양천로 583, 우림블루나인비즈니스센터 A동 21층 2110호
전화 02-363-5995(영업), 02-364-0844(편집) | 팩스 070-4275-0445
홈페이지 www.pulbit.co.kr | 전자우편 inmun@pulbit.co.kr

ISBN 978-89-7474-534-9 44160
ISBN 978-89-7474-526-4 44080 (세트)

자본론

자본의 감추어진 진실 혹은 거짓

칼 마르크스 지음 | 손철성 풀어씀

풀빛

'청소년 철학창고'를 펴내며

우리 청소년이 읽을 만한 좋은 책은 없을까? 많은 분들이 이런 고민을 하셨을 겁니다. 그러면서 흔히들 고전을 읽어야 한다고 합니다. 하지만 서점에 가서 책을 골라 보신 분들은 느꼈을 겁니다. '청소년의 지적 수준에 맞춰서 읽힐 만한 고전이 이렇게도 없는가.'라고.

고전 선택의 또 다른 어려움은 고전의 범위가 매우 넓다는 것입니다. 청소년 시기에는 시간과 능력의 한계 때문에 그 많은 고전들을 모두 읽을 수 없습니다. 그렇다면 어떤 책을 읽어야 할까요?

이런 여러 현실적인 어려움을 고려해 기획한 것이 풀빛 '청소년 철학창고'입니다. '청소년 철학창고'는 고전의 핵심이라 할 수 있는 '철학'에 더 많은 무게를 실었습니다. 그 이유는 무엇일까요?

사람들은 일반적으로 철학을 현실과 동떨어진 공리공담이나 펼치는 학문이라고 생각합니다. 하지만 철학적 사고의 핵심은 사물과 현상을 다양하게 분석하고 종합해서 그 원칙이나 원리를 찾아내는 것입니다. 그래서 철학은 인간과 세상에 대해 깊이 있게 생각하고, 논리적으로 종합하는 능력을 키워 줍니다. 그런 만큼 세상과 인간에 대해 눈떠 가는 청소년 시기에 정말로 필요한 공부입니다.

하지만 모든 고전이 그렇듯이 철학 고전 또한 읽기가 쉽지 않습니다. 그래서 '청소년 철학창고'는 청소년의 눈높이에 맞추기 위해 선정에서부터 원문 구성에 이르기까지 많은 노력을 기울였습니다.

첫째, 책을 선정하는 과정에서부터 엄격함을 유지했습니다. 동양·서양·한국 철학 전공자들이 많은 회의 과정을 거쳐, 각 시대마다 동서양과 한국을 대표하는 철학 고전들을 엄선했습니다. 특히 우리 선조들의 사상과 동시대 동서양의 사상들을 주체적인 입장에서 비교하고 검토할 수 있도록 했습니다.

둘째, 고전 읽기의 참다운 맛을 살리기 위해 최대한 원문을 중심으로 구성했습니다. 물론 원문 읽기의 어려움을 해결하기 위해 새롭게 번역하고 재정리했습니다. 그리고 청소년이라면 누구나 어렵지 않게 읽으면서 고전이 주는 의미와 내용을 이해할 수 있도록 설명을 덧붙였고, 전체 해설을 통해 저자의 사상과 전체 내용을 다시 한 번 정리해 주었습니다.

마지막으로 쉬운 것부터 읽기 시작해 점차 사고의 폭을 넓혀 가도록 난이도에 따라 세 단계로 구분했습니다. 물론 단계와 상관없이 읽고 싶은 순서대로 읽어도 됩니다.

우리 선정위원들은 고전 읽기의 진정한 의미가 '옛것을 되살려 오늘을 새롭게 한다(溫故知新).'는 데 있다고 생각합니다. '청소년 철학창고'를 통해 자라나는 청소년들이 인간과 사물에 대한 깊은 통찰력을 키워, 밝은 미래를 열어 나갈 수 있기를 진정으로 바랍니다.

2005년 2월

선정위원　허우성(경희대 교수, 동양 철학)　　윤찬원(인천대 교수, 동양 철학)

정영근(서울산업대 교수, 한국 철학)　　허남진(서울대 교수, 한국 철학)

이남인(서울대 교수, 서양 철학)　　한자경(이화여대 교수, 서양 철학)

들어가는 말

　오늘날 세계를 지배하는 경제 형태는 자본주의다. 근대 유럽에서 봉건제가 무너진 뒤에 등장한 자본주의는 이제 전 세계를 지배할 정도로 큰 영향력을 행사하고 있다. 20세기 초반과 중반에 자본주의에 대항하는 경제 형태로서 사회주의가 등장하여 그 세력을 확장하기도 했지만, 20세기 후반에 소련을 비롯한 동유럽 사회주의 국가들이 무너지면서 그 세력은 크게 약해졌다. 그렇다고 사회주의의 실패가 곧 자본주의의 완전한 승리를 의미하지는 않는다. 우리가 주변에서 쉽게 볼 수 있듯이 자본주의 경제 형태는 많은 문제점을 안고 있다. 빈부 격차의 심화, 지나친 경쟁, 자원 낭비, 과잉 생산, 실업률의 증가, 불황과 공황, 기계화와 분업화로 인한 노동 소외 등이 그것이다.

　마르크스(K. Marx)는 자본주의가 급속하게 발전하던 19세기에 자본주의 경제의 특징과 문제점을 집중적으로 연구했으며, 그 결과물로 《자본론》을 썼다. 《자본론》은 마르크스가 20여 년에 걸친 장기간의 구상과 연구를 바탕으로 쓴 방대한 책으로서 모두 3권으로 구성되어 있다. 자본주의 경제의 특징은 무엇인가? 자본주의 경제는 어떻게 운동하는가? 자본주의는 어떤 문제점을 안고 있는가? 이러한 질문에 답하기 위해 마르크스는 다양하고 방대한 통계 자료를 활용했으며, 전문적인 경제학 저서들과 이론을 연구했다.

우리는 《자본론》에서 다음과 같은 물음들에 대한 마르크스의 견해를 살펴볼 수 있다. 자본주의는 역사적으로 어떻게 형성되었는가? 상품이란 무엇인가? 화폐의 신비한 힘은 어떻게 생겨났는가? 잉여 가치나 이윤은 어디서 생산된 것인가? 잉여 가치나 이윤을 자본가가 차지하는 것은 정당한가, 아니면 노동자에 대한 착취이기 때문에 부당한가? 자본가와 노동자가 서로 대립하고 갈등하는 이유는 무엇인가? 빈부 격차가 심해지는 이유는 무엇인가? 과잉 생산이나 불황, 공황이 발생하는 이유는 무엇인가? 여러분들도 한 번쯤 이러한 물음을 던져 본 적이 있을 것이다. 자본주의 사회를 제대로 이해하고 그 문제점을 비판하기 위해서는 이러한 물음에 대해 진지하게 생각하고 함께 고민해 보아야 한다.

《자본론》은 상당히 어려우면서도 방대하기 때문에, 그 내용을 제대로 이해하기 위해서는 많은 시간과 노력이 필요하다. 그래서 《자본론》에 좀 더 쉽게 접근할 수 있는 방법의 하나로 이 책을 쓰게 되었다. 나름대로 꽤 많은 시간을 들이고 신경도 많이 썼지만, 혹시나 이 책이 원전의 내용을 제대로 전달하지 못했는지, 원전의 가치를 훼손하지 않았는지 걱정이 되기도 한다. 아무튼 이 책이 우리 시대의 고전인 《자본론》을 이해하는 데 작은 보탬이 되기를 바란다.

2005년 12월
큰 언덕 연구실에서 손철성

| 일러두기 |

1. 이 책은 《Das Kapital, Marx Engels Werke[MEW]》(Dietz Verlag, Berlin, 1985)를 기본 텍스트로 하고, 《자본론》(김수행 옮김, 비봉출판사, 2001)과 《디지털 지식자원구축을 위한 기초적 연구: 마르크스, '자본론'》(손철성 지음, 서울대학교 철학사상연구소, 2004)을 참고하였다.

2. 《자본론》은 원래 3권으로 구성되어 있는데, 이 책에서는 청소년들의 눈높이에 맞춰 전체를 9장으로 재구성하였다. 제1~8장은 《자본론》1권의 내용을 간추렸고, 제9장은 2권과 3권의 핵심 내용을 요약하여 간추렸다.

3. 본문 내용 가운데 이해하기 어려운 부분은 부연 설명을 하거나 원문 내용을 요약, 정리하였다. 그리고 각 장의 제목과 본문 각주는 이해를 돕기 위해 필자가 붙인 것이다.

4. 각 장의 내용과 전체적인 내용의 흐름을 쉽게 이해할 수 있도록 하기 위하여, 각 장의 맨 앞에 그 내용을 요약해 놓았다.

1

상품이란 무엇인가?

commodity

칼 마르크스(1818~1883)

《자본론》의 저자. 철학, 경제학, 정치학 분야에서 뛰어난 이론을 펼쳐 마르크스주의라는 사상을 낳았으며, 노동자 계급을 위해 열정적으로 실천 활동을 벌었다. 마르크스는 《자본론》에서 자본주의 사회의 구조와 모순을 철저히 분석했다.

1. 상품이란 무엇인가?

. . . . .

마르크스는 자본주의 사회를 이해하기 위해서는 우선 상품을 분석해야 한다고 말한다. 상품은 자본주의 사회의 가장 중요한 특징 가운데 하나다. 자본주의 사회에서는 대부분의 생산물이 상품의 형태로 생산되어 시장에서 거래된다. 상품이란 다른 사람에게 판매할 목적으로 생산된 유용한 물건이다. 이러한 상품은 구체적인 유용성을 지닌다는 점에서 사용 가치를 가지며, 또한 시장에서 다른 물건과 교환될 수 있다는 점에서 교환 가치(또는 가치)를 갖는다. 그런데 상품의 (교환) 가치는 상품을 생산하는 데 들어간 노동 시간에 의해 결정된다. 즉, 상품을 생산하는 데 많은 노동 시간이 들어갈수록 상품의 가치는 커진다.

마르크스는 자본주의 경제의 세포에 해당되는 상품을 제대로 분석해야만 이를 바탕으로 자본주의 사회 전체를 이해할 수 있다고 말한다. 그는 상품을 분석한 이 부분이 상당히 어렵지만 그렇다고 중간에 포기해서는 안 된다고 하면서 이렇게 당부한다. "학문에는 지름길이 없다.

오직 피로를 두려워하지 않고 학문의 가파른 오솔길을 올라가는 사람만이 영광스러운 학문의 봉우리에 도달할 수 있다." 이러한 조언을 마음에 새기고 이제 상품이란 무엇인지 함께 알아보도록 하자.

사용 가치와 교환 가치

자본주의 사회에서 부(富)는 '상품의 방대한 축적'으로 나타나며, 개별 상품은 부의 기본 형태가 된다. 따라서 자본주의 사회를 제대로 이해하기 위해서는 '상품' 분석을 연구의 출발점으로 삼아야 한다.

상품은 우리 외부에 존재하는 대상이며, 인간의 욕구를 충족시켜 주는 물건이다. 철이나 종이가 상품이 될 수 있는 이유는 그것들이 유용한 물건으로서 인간의 욕구를 충족시켜 주기 때문이다. 유용한 물건은 수많은 성질을 갖고 있으며, 다양한 목적으로 사용된다. 상품은 유용한 물건, 즉 쓸모가 있는 물건이다. 이러한 상품의 유용성은 상품으로 하여금 '사용 가치'를 갖게 한다. 상품의 유용성은 공중에 떠 있는 것이 아니라 그 상품의 속성에 의해 주어지는 것이기 때문에 그 상품 자체와 따로 존재할 수 없다. 철, 밀, 다이아몬드는 서로 다른 성질들로 말미암아 서로 다른 유용성을 가지며, 따라서 사용 가치도 서로 다르다. 이처럼 각각의 상품이 지닌 구체적 유용성으로부터 사용 가치가 생겨난다. 상품의 사용 가치는 그 상품을 사용하거나 소비하는 과정에서 구체적으로 드러난다.

우리가 살펴보는 자본주의 사회에서 상품의 사용 가치는 동시에 '교환 가치'의 보유자(운반자)다. 교환 가치란 어떤 상품이 다른 상품과 교환될 수 있는 가치를 가리키는데, 상품이 이러한 교환 가치를 갖게 되는 것은 그 상품이 일정한 사용 가치를 갖고 있기 때문이다. 즉, 상품의 사용 가치로 말미암아 상품의 교환 가치가 생겨난다.

교환 가치는 양적 관계, 즉 어떤 사용 가치가 다른 사용 가치와 교환되는 비율로 나타난다. 다시 말해 교환 가치는 어떤 상품이 다른 상품과 일정한 비율로 교환되는 방식으로 표현된다. 예를 들면 '1쿼터(곡물의 양을 나타내는 단위. 대략 16말 정도)의 밀'은 'X량의 구두약'이나 'Y량의 명주' 또는 'Z량의 금' 등과 교환된다. 이때 '1쿼터의 밀'이 갖고 있는 교환 가치는 'X량의 구두약'이나 'Y량의 명주' 또는 'Z량의 금' 등으로 표현된다. 이처럼 밀은 하나의 교환 가치를 갖는 것이 아니라 수많은 교환 가치를 갖는다.

두 상품 밀과 철이 서로 교환되는 경우를 살펴보자. 이 상품들이 교환되는 비율은 '1쿼터의 밀＝X킬로그램의 철'로 표시된다. 이 등식은 무엇을 의미하는가? 서로 다른 두 상품 사이에 등식이 성립한다는 것은 그것들 속에 공통되는 어떤 것이 들어 있다는 의미다. 만약 두 상품 사이에 공통되는 어떤 것이 없다면 두 상품은 서로 교환될 수 없다. 따라서 교환되는 두 상품에는 공통 요소가 들어 있다.

그렇다면 상품의 교환 비율을 결정하는 공통 요소는 무엇인가? 만약 상품의 사용 가치를 무시한다면 거기에는 오직 하나의 성질, 즉 '노동 생산물'이라는 성질만이 남는다. 모든 상품은 인간의 노동을 통해서 생산되기 때문에 거기에는 공통으로 노동이 들어가 있다. 물론 책상, 집, 면사 등 각각의 상품을 만드는 데 사용된 구체적인 노동의 형태는 서로 다르지만, 그러한 구체적인 노동 형태의 차이점을 무시한다면 거기에는 공통으로 인간 노동 일반이 들어 있을 뿐이다. 이제 교환 과정에 있는 상품은 거기에 사용된 구체적인 노동 형태와는 상관없이 동일한 인간 노동의 응고물로 나타난다. 이것은 상품 생산 과정에서 인간의 노동력이 사용되었다는 점, 즉 상품 속에 인간 노동 일반이 들어 있다는 점을 말해 준다.

이처럼 상품은 인간의 노동을 통해 생산된 물건이며, 거기에는 공통으로 인간 노동 일반이 들어가 있다. 상품이 교환 가치를 갖는 이유는 거기에 인간 노동이 공통으로 들어 있기 때문이다. 이러한 상품의 교환 가치를 상품의 '가치'라고도 부른다.

상품의 가치는 어떻게 결정되는가?

상품의 가치, 즉 교환 가치의 크기는 어떻게 측정되는가? 다시 말해 어떤 상품이 다른 상품과 교환되는 비율은 어떻게 결정되는가?

상품의 가치는 그 상품에 들어 있는 가치의 실체인 노동량에 의해 측정된다. 노동량은 상품에 들어간 노동 시간으로 측정되고, 노동 시간은 시간, 일, 주 등을 기준으로 측정된다. 상품을 생산하는 데 많은 노동이 들어가면 그 상품의 가치는 크며, 반면에 상품을 생산하는 데 적은 노동이 들어가면 그 상품의 가치는 작다. 상품의 가치는 그 상품을 생산하는 데 들어간 노동량, 즉 노동 시간에 의해 결정된다.

만약 상품의 가치가 그것을 생산하기 위해 사용된 노동량에 의해 결정된다면, 상품을 생산하는 노동자가 게으르거나 서툴수록 그 상품을 생산하는 데 더 많은 노동 시간이 들어가므로 그 상품의 가치가 그만큼 더 클 것이라고 생각할 수도 있다. 그러나 그것은 잘못된 생각이다. 상품의 가치는 어떤 사회에서 그 상품을 생산하는 데 들어간 평균적인 노동 시간, 즉 '사회적으로 필요한 노동 시간'에 의해 결정된다. 사회적으로 필요한 노동 시간이란 그 사회의 정상적인 생산 조건과 평균 노동 숙련도, 평균 노동 강도라는 상황에서 어떤 상품을 생산하는 데 걸리는 노동 시간이다.

예를 들어 19세기 초반 영국에서는 증기 방직기가 대량으로 보급되어 천을 짜는 데 걸리는 노동 시간이 절반으로 줄어들었다. 이에 비해 여전히 손으로 천을 짜는 소수의 사람들은 예전처럼 많은 시간을 소비했다. 이런 경우에 사회적으로 필요한 노동 시간이 예전에 비해 절반으로 줄어들었기 때문에, 그 소수의 사람들이 천을 짜는 데 1시간의 노동을 들였다고 해도 그 천의 가치는 1시간의 노동이 아니라 1/2시간의 노동으로 계산된다.

이처럼 어떤 물건이 지닌 가치의 크기는 사회적으로 필요한 노동량, 즉 그 물건을 생산하는 데 들어간 평균 노동 시간에 의해 결정된다. 따라서 서로 다른 상품들 속에 같은 노동량이 들어 있다면, 그 상품들은 같은 가치를 지닌다. 만약 어떤 상품을 생산하는 데 걸린 노동 시간이 변하지 않는다면 그 상품의 가치도 변하지 않는다. 그러나 노동 시간은 노동 생산성이 변할 때마다 변하게 되며, 이에 따라 상품의 가치도 변한다. 노동 생산성은 여러 조건들에 의해 결정되는데, 그 가운데 특히 노동자들의 평균 숙련도, 과학 기술의 발전 정도, 생산 조직의 체계화 정도, 생산 수단의 규모와 능률, 자연 조건 등에 의해 결정된다.

예를 들어 같은 노동 시간이 들어가더라도 풍년에는 8부셸(곡물의 양을 나타내는 단위. 대략 2말 정도)의 밀을 생산하고, 흉년에는 겨우 4부셸의 밀을 생산한다. 같은 양의 노동이 들어가더라도 광석이 풍부한 광산에서는 광석이 적은 광산에 비해 더 많은 금속을 생산한다. 다이아몬드가 땅의 표면에 드러나는 경우는 거의 없으므로, 그것을 발견하기 위해서는 일반적으로 더 많은 노동 시간이 들어간다. 따라서 다이아몬드는 다른 광석에 비해 가치가 매우 높다. 만약 아주 적은 노동으로 석탄을 다이아몬드로 바꿀 수 있다면, 다이아몬드의 가치는 벽돌의 가치보다도 낮아질 것이다.

일반적으로 노동 생산성이 높으면 높을수록 어떤 물건을 생산하는 데 걸리는 노동 시간은 그만큼 줄어들며, 이에 따라 그 물건에 들어간 노동량도 줄어들고 그 물건의 가치도 그만큼 줄어든다. 반대로 노동 생산성이 낮으면 낮을수록 어떤 물건을 생산하는 데 걸리는 노동 시간은 늘어나며, 이에 따라 그 물건에 들어간 노동량도 늘어나고, 그 물건의 가치도 그만큼 커진다. 이처럼 상품의 가치는 그 상품에 들어 있는 노동량에 정비례하고, 노동 생산성에 반비례한다.

어떤 물건은 사용 가치는 갖고 있지만 가치(교환 가치)는 갖고 있지 않다. 어떤 물건이 유용성은 있지만, 인간의 노동을 통해서 생산된 것이 아니라면 그 물건은 가치를 갖지 않는다. 예를 들면 공기, 황무지, 천연의 초원, 야생의 나무가 이에 해당된다. 이러한 물건들은 사용 가치는 갖지만 교환 가치는 갖지 않기 때문에 상품이 될 수 없다. 물론 황무지를 개간하거나 나무를 벌목하여 목재로 가공한다면, 거기에는 인간 노동이 들어가기 때문에 상품이 될 수 있다.

그렇다고 인간의 노동을 통해 생산된 모든 물건이 상품이 되는 것은 아니다. 자신의 노동으로 자신의 욕망을 채우기 위한 물건을 만들었다면, 그 사람은 사용 가치는 만들었지만 상품을 만든 것은 아니다.[1] 상품을 생산하기 위해서는, 자신에게 필요한 사용 가치뿐만 아니라 다른 사람을 위한 사용 가치도 생산해야 한다. 다른 사람과 교환할 목적으로 생산한 물건만이 상품이 될 수 있다. 또한 인간의 노동을 통해 생산되었다고 할지라도 그 물건에 유용성이 없다면 상품이 될 수 없다. 어떤 물건이 쓸모가 없다면, 거기에 들어 있는 노동도 쓸모가 없게 되어 노동으로 계산되지 않으며, 따라서 아무런 가치도 갖지 않게 된다. 이처럼 상품이란 다른 사람과 교환하기 위해 생산된 유용한 물건이며, 그것은 사용 가치와 교환 가치를 동시에 지닌다.

구체적 노동과 추상적 노동

앞에서 살펴보았듯이 상품에는 사용 가치와 교환 가치가 이중으로 결합되어 있다. 이것은 상품을 가치의 측면에서 분석한 것이다. 그런데 상품을 노동의 측면에서 분석하면, 상품에는 '구체적 유용 노동'과 '추상적 인간 노동'이 이중으로 결합되어 있다. 이러한 노동의 이중성을 인식하는 것은 경제학을 이해하는 데 매우 중요하다.

상품으로 거래되는 1벌의 저고리와 10미터의 아마포(아마로 만든 천. 삼베와 비슷함)를 예로 들어 보자. 저고리는 인간의 욕망을 충족시켜 주는 사용 가치를 갖고 있다. 즉, 저고리는 인간의 신체를 보호해 주

---

1) 예를 들어 자급자족을 위해 자신의 텃밭에서 과일이나 야채를 생산했다면, 그것들은 사용 가치를 지닌 물건이긴 하지만 상품은 아니다.

는 등 여러 유용성을 갖고 있다. 이러한 저고리를 생산하기 위해서는 특정한 형태의 생산 활동이 필요하다. 즉, 저고리의 생산에 적합한 생산 방식이나 생산 수단을 이용해야 한다. 아마포를 생산하는 경우도 마찬가지다. 아마포는 저고리는 다른 사용 가치를 지니기 때문에, 아마포를 생산할 때는 저고리를 생산할 때와는 다른 형태의 생산 방식이나 생산 수단을 이용해야 한다.

저고리와 아마포는 서로 다른 사용 가치를 지니기 때문에, 저고리와 아마포를 생산하는 노동 형태도 서로 다르다. 하나는 옷감을 자르고 바느질하는 재봉 노동이고, 다른 하나는 실로 옷감을 짜는 직포 노동이다. 이처럼 서로 다른 상품의 사용 가치에는 서로 다른 형태의 노동이 들어 있는데, 이것을 구체적 유용 노동이라고 한다. 구체적 유용 노동은 각각의 상품이 지닌 구체적 유용성, 즉 사용 가치를 생산하는 노동이다. 여기서는 노동의 유용 효과만이 고려된다.

이렇게 각 상품의 사용 가치에는 서로 다른 형태의 유용 노동이 들어 있다. 만약 각 상품에 서로 다른 유용 노동이 들어 있지 않다면, 그것들은 서로 상품으로 만날 수 없다. 물건이 일반적으로 상품 형태로 생산되는 사회, 즉 상품이 대량으로 생산되는 자본주의 사회에서는 서로 다른 다양한 유용 노동이 사회적 분업의 형태로 이루어지면서 하나의 복잡한 체계로 발전한다. 그러나 사회적 분업이 그렇게 발달하지 않은 사회에서도 다양한 형태의 유용 노동이 이루어졌다. 인간은 옷을 입어야 했기 때문에 전문 재봉사가 나타나기 수천 년 전부터 재봉 노동이 이루어졌다. 그러므로 사용 가치를 창조하는 노동, 즉 구체적 유용 노동은 사회 형태와는 관계 없이 인간 생존을 위해서 반드시 수행되어야 하는 노동이다. 구체적 유용 노동은 인간 생존의 조건이자, 인간과 자연 사이의 상호 작용을 가능하게 해 주는 영원한 필연적 활동이다.

만약 생산 활동의 구체적 형태, 즉 노동의 구체적 유용성을 무시한다면 생산 활동은 다만 인간의 노동력을 사용하는 행위에 지나지 않는다. 재봉과 직포는 서로 다른 형태의 생산 활동이기는 하지만, 두 가지 모두 인간의 두뇌, 근육, 신경, 손을 사용한다는 점에서 인간의 노동이다. 이렇게 노동의 구체적 형태를 무시하고 단지 인간의 노동력이 들어가 있다는 측면만을 고려할 수 있는데, 이러한 노동을 추상적 인간 노동이라고 부른다.

가치(교환 가치)를 지닌 상품으로서 저고리와 아마포를 살펴볼 때 우리가 사용 가치의 차이를 무시한 것과 마찬가지로, 가치를 만들어 내는 노동으로서 재봉 노동과 직포 노동을 살펴볼 때 우리는 구체적 유용 노동의 차이를 무시한다. 사용 가치의 측면에서 저고리와 아마포는 질적으로 다른 특수한 생산 활동이 천과 실에 결합된 것이지만, 가치의 측면에서 저고리와 아마포는 질적으로 같은 노동의 응고물일 뿐이다. 즉, 추상적 인간 노동의 사용일 뿐이다. 그러므로 상품에 들어간 노동은 사용 가치의 측면에서는 질적 차이가 중요하지만, 가치의 측면에서는 양적 차이만이 중요하다. 앞의 경우에는 노동이 '어떻게' 수행되며 또 '무엇을' 생산하는지가 중요하지만, 뒤의 경우에는 노동력이 '얼마나' 들어가는지가 중요하다. 즉, 들어간 노동 시간이 중요하다. 상품이 지닌 가치의 크기는 그 상품에 들어 있는 노동량만을 표시한다. 만약 1벌의 저고리가 10미터의 아마포와 같은 가치를 지닌다면, 두 상품에는 같은 노동량, 즉 같은 양의 추상적 인간 노동이 들어 있는 것이다.

이렇게 모든 노동은 생리학적 의미에서 인간의 노동력 일반을 사용한 것이며, 이러한 추상적 인간 노동이라는 속성으로부터 상품의 가치가 만들어진다. 다른 한편 모든 노동은 또한 특정한 목적을 위해서 인간의 노동력을 특수한 형태로 사용한 것이며, 이러한 구체적 유용 노동이라는 속성으로부터 상품의 사용 가치가 만들어진다. 가치를 만들어 내는 노동은 추상적 인간 노동이며, 사용 가치를 만들어 내는 노동은 구체적 유용 노동이다. 이처럼 상품에 들어간 인간 노동은 이중적 성격을 지닌다.

상품의 교환 과정

상품은 하나의 물건에 불과하므로 스스로 시장에 갈 수도 없고, 스스로 자신을 교환할 수도 없다. 그러므로 상품이 서로 교환되기 위해서는 상품의 소유자가 있어야 하며, 이들이 상품을 바꾸려는 의지를 갖고서 서로 만나야 한다. 상품 소유자는 다른 상품의 소유자가 동의할 때만 자신의 상품을 다른 사람에게 건네 주고 다른 사람의 상품을 건네 받을 수 있다.

상품은 그것의 소유자에게는 사용 가치가 없다. 만약 어떤 상품이 그것의 소유자에게 사용 가치가 있다면, 그는 상품을 시장에 갖고 가지 않고 자신이 직접 사용할 것이다. 그의 상품은 다른 사람에게는 사용 가치가 있지만, 그에게는 단지 교환 가치만이 있을 뿐이다. 그러므로 상품 소유자는 자신에게 필요한 사용 가치를 지닌 다른 상품을 얻기 위해 자신의 상품을 다른 사람에게 넘겨 주려고 한다. 모든 상품은 그 소유자에게는 사용 가치가 없고, 그 상품을 소유하지 않은 다른 사람에게는 사용 가치가 있다. 따라서 상품의 소유자들은 서로 바뀌어야 한다. 이렇게 상품의 소유자가 서로 바뀌는 과정이 바로 '상품의 교환'이다.

상품이 교환되려면, 상품은 먼저 자신이 사용 가치가 있다는 점을 보여 주어야 한다. 왜냐하면 상품에 들어간 노동이 다른 사람에게 유용할 때만 그 상품은 교환 가치를 지니기 때문이다. 그런데 그 노동이 과연 다른 사람에게 유용한지 그렇지 않은지는 실제로 상품 교환이 이루어지는 과정에서 드러난다.

상품 소유자는 누구나 자신의 욕망을 채워 줄 사용 가치를 지닌 다른 상품과 자신의 상품을 교환하려고 한다. 그런데 교환 과정에 들어오는 사람들이 늘어나고 이에 따라 거래되는 상품의 종류와 양이 많아지면, 상품의 가치를 측정하거나 비교하기가 쉽지 않아서 상품 교환이 잘 이루어지지 못하는 문제가 발생한다. 그렇지만 문제와 그것을 해결하기 위한 수단은 동시에 존재한다. 상품 소유자들이 자기 상품의 가치를 다른 사람이 가진 상품의 가치와 쉽게 비교하여 교환하려면, 비교의 기준이 되는 제3의 상품이 필요하다. 바로 이러한 배경에서 일반적 등가물의 역할을 담당하는 '화폐'가 등장한다.

2 화폐는 어떻게 생겨났는가?

money

화폐의 물신적 성격

자본주의 사회에서는 화폐로 모든 것을 살 수 있기 때문에, 화폐는 원래부터
모든 상품과 교환될 수 있는 독자적인 신비한 힘을 갖고 있는 것처럼 보인다.
이것이 바로 화폐의 물신적 성격이다. 그러나 화폐도 인간 노동을 통해 생산
된 하나의 상품일 뿐이기 때문에 이는 사람들의 눈을 현혹시키는 착각에 불
과하다. (제임스 길레이, 모든 것을 화폐로 바꾼다, *Hannah Humphrey*, 1797)

2. 화폐는 어떻게 생겨났는가?

 • • • •

    자본주의 사회에서 모든 상품은 화폐를 통해 교환된다. 그래서 화폐만 있으면 모든 것을 살 수 있다는 믿음이 생겨나고, 화폐는 강력한 힘을 가진 신비한 존재로 여겨진다. 이 때문에 화폐를 숭배하는 황금만능주의가 나타난다. 마르크스는 제2장에서 상품이 화폐로 전환하는 과정을 분석하면서, 화폐가 이런 신비한 힘을 갖게 된 이유를 설명한다.

    화폐는 상품 교환이 활발하게 이루어지는 과정에서 등장한다. 과거에 화폐로 사용되었던 금도 처음에는 하나의 상품에 불과했다. 그러다가 금이 보편적인 교환 수단으로 널리 사용되고 일반적 등가물의 역할을 담당하게 되면서 화폐의 지위를 차지하게 된다. 처음에는 주로 금화가 화폐로 사용되었지만, 점차 상징적 가치만을 지닌 금속 주화, 지폐, 신용 화폐가 등장한다. 자본주의 사회에서는 화폐를 독자적인 신비한 힘을 가진 존재로 여겨, 이를 신처럼 숭배하기도 한다. 그러나 마르크스는 이러한 태도를 잘못된 것이라고 비판한다. 화폐는 원래부터 신비한 힘을 가진 것이 아니며, 다른 상품과 마찬가지로 인간의 노동 생산물에 불과하다는 것이다. 제2장에서는 화폐의 발생 과정과 기능, 그리고 상품과 화폐의 신비화 과정을 살펴보면서 황금만능주의 현상에 대해 비판한다.

화폐는 어떻게 발생했는가?

상품은 사용 가치와 동시에 교환 가치를 갖기 때문에, 사용 대상이자 동시에 가치의 보유자(운반자)라는 이중적 성격을 지닌다. 그런데 상품의 사용 가치는 그것의 물리적 성질에 의해서 객관적으로 나타나지만, 가치(교환 가치)는 그렇지 않다. 상품의 가치는 다른 상품과의 사회 관계 속에서 나타난다. 이렇게 상품이 다른 상품을 통해 자신의 가치를 표현하는 방식을 상품의 '가치 형태'라고 한다.

상품의 가치 형태는 여러 단계를 거쳐서 발전하는데, 이 과정에서 화폐가 등장한다. 따라서 우리는 이러한 과정을 분석함으로써 화폐의 발생 기원을 밝혀야 한다. 우리는 가장 단순한, 거의 눈에 띄지 않는 가치 형태에서 출발하여 화려한 가치 형태인 화폐 형태까지 추적해야 한다. 이러한 작업이 성공할 때 화폐의 신비는 사라질 것이다.

X량의 상품 A＝Y량의 상품 B
20미터의 아마포＝1벌의 저고리

'단순한 가치 형태'는 두 상품 사이의 가치 관계로서, 한 상품의 가치를 다른 상품을 통해 가장 단순하게 표현해 준다. 모든 가치 형태의 비밀은 이러한 단순한 가치 형태 속에 숨어 있다. 그러므로 이 가치 형태를 제대로 분석하는 것이 매우 중요하다.

종류가 서로 다른 두 상품 A와 B는 이 등식에서 서로 다른 역할을 한다. 예를 들어 아마포는 자신의 가치를 저고리를 통해 표현하며, 반면에 저고리는 이러한 가치 표현의 재료가 된다. 제1상품은 능동적 역할을 하며, 제2상품은 수동적 역할을 한다. 제1상품은 자신의 가치를 상대적 가치로 표현하며, 제2상품은 등가물로서 기능한다. 여기서 아마포는 자신의 가치를 저고리를 통해 상대적으로 표현하기 때문에 '상대적 가치 형태'를 취한다. 반면에 저고리는 등가물(等價物), 즉 '동등한 가치를 지닌 물건'으로서 기능하기 때문에 '등가 형태'를 취한다. 그런데 어떤 상품이 상대적 가치 형태를 취하는지, 아니면 등가 형태를 취하는지는 오로지 가치 표현에서 그 상품이 차지하는 위치에 달려 있다. 다시 말해 그 상품이 자신의 가치를 표현하는 상품인지, 아니면 다른 상품의 가치를 표현해 주는 상품인지에 달려 있다. 이와 같이 어떤 상품이 다른 상품과 일대일 관계로 자신의 가치를 표현하는 것을 단순한 가치 형태라고 한다.

아마포와 저고리처럼 서로 다른 두 상품이 이렇게 등치되거나 교환될 수 있는 것은 두 상품이 같은 단위로 환원될 수 있기 때문이다. 다시 말해 두 상품이 같은 성질을 지닌 물건으로 환원될 수 있기 때문에 서로의 양을 비교할 수 있는 것이다. 두 상품에는 공통으로 인간 노동이 들어 있다. 따라서 두 상품의 가치는 노동량을 기준으로 서로 비교될 수 있다. 20미터의 아마포와 1벌의 저고리는 같은 노동량이 들어 있기 때문에 서로 교환될 수 있는 것이다.

상품의 가치 형태에서 모든 노동은 동등한 인간 노동, 따라서 동등한 성질을 가진 노동으로 표현된다. 그러나 고대 그리스의 아리스토텔레스는 이 사실을 알지 못했다. 왜냐하면 그 당시 그리스 사회는 계급 사회로 노예 노동에 의존하고 있었고, 따라서 인간뿐만 아니라 인간의 노동력도 동등하지 않다고 보았기 때문이다. 모든 인간의 노동이 동등하며 동일하다는 생각은, 근대 사회가 형성되어 인간 평등사상이 널리 퍼진 다음에야 비로소 받아들여졌다. 근대에 자본주의 경제가 발전하면서 상품 생산과 상품 교환이 널리 이루어지고 자본주의적 사회 관계가 확산됨으로써 노동 평등사상이 자리를 잡았던 것이다. 아리스토텔레스는 뛰어난 학자였지만 자신이 살았던 시대의 역사적 한계 때문에 그러한 사실을 알 수 없었다.

노동 생산물은 어떤 사회에서나 유용한 물건이지만, 그것을 생산하는 데 들어간 노동이 가치 형태로 등장한 것은 특정한 역사 발전 단계에서였다. 그러한 발전 단계에 있는 사회에서는 노동 생산물이 상품으로 된다. 그렇지만 이와 같은 단순한 가치 형태가 불충분함은 첫눈에 봐도 알 수 있다. 그것은 화폐 형태로 성숙하기 위해 더 많은 형태 변화를 거쳐야 하는 맹아 단계에 지나지 않는다. 이제 단순한 가치 형태는 좀 더 완전한 형태로 발전한다.

▮ 전개된 가치 형태 ▮

```
20미터의 아마포  =1벌의 저고리
      〃        =10그램의 차
      〃        =40그램의 커피
      〃        =1쿼터의 밀
      〃        =2온스[1]의 금
      〃        =기타 등등
```

여기서 한 상품의 가치는 상품 세계의 수많은 다른 상품들로 표현된다. 아마포는 저고리, 차, 커피, 밀, 금 등을 통해 자신의 가치를 표현한다. 다양한 상품이 아마포의 가치를 표현해 주는 거울이 된다.

---

1) 온스(ounce)는 금이나 은과 같은 보석의 무게를 나타내는 단위로 1온스는 대략 31그램에 해당된다.

이제야 비로소 상품의 가치가 동등한 인간 노동의 응고물로 나타난다. 왜냐하면 아마포의 가치를 생산하는 노동은 이제 다른 형태의 인간 노동과 같은 것으로 아주 뚜렷하게 표현되기 때문이다.

아마포는 자신의 가치 형태를 통해 단 하나의 상품과 사회 관계를 맺는 것이 아니라, 상품 세계 전체와 사회 관계를 맺는다. 아마포는 자신의 가치를 수많은 상품들을 통해 표현하는데, 이것을 '전개된 가치 형태'라고 한다. 한 상품의 가치가 인간 노동이 들어간 여러 물건의 형태로 표현되는 것이다. 여기서 아마포의 가치는 다른 상품과의 우연적인 교환 비율에 의해 결정되지 않는다. 오히려 아마포가 가진 고유한 가치가 다른 상품과의 교환 비율을 결정한다. 이제 전개된 가치 형태는 다음 단계로 발전한다.

▌일반적 가치 형태 ▌

1벌의 저고리	=20미터의 아마포
10그램의 차 =	〃
40그램의 커피 =	〃
1쿼터의 밀 =	〃
2온스의 금 =	〃
기타 등등 =	〃

이 등식은 앞에서 설명한 전개된 가치 형태를 거꾸로 바꾸어 놓은

것이다. 여기서는 저고리, 차, 커피, 밀, 금과 같은 여러 상품들이 아마포라는 하나의 상품을 통해 자신들의 가치를 표현한다. 여러 상품들은 이제 자신들의 가치를 다음과 같이 표현한다. (1) 단순하게 표현한다. 왜냐하면 단 하나의 상품으로 자신들의 가치를 표현하기 때문이다. (2) 통일적으로 표현한다. 왜냐하면 같은 상품으로 자신들의 가치를 표현하기 때문이다. 이렇게 여러 상품들이 하나의 상품을 통해 자신들의 가치를 표현하는 것을 '일반적 가치 형태'라고 한다.

일반적 가치 형태에서 등가 상품인 아마포는 이제 '일반적 등가물'이 된다. 아마포는 모든 상품들의 가치를 공통으로 표현하며, 따라서 모든 상품과 직접 교환될 수 있다. 아마포는 모든 상품과 동등한 가치를 지닌 일반적 물건이 된다. 아마포에 들어 있는 직포 노동은 저고리나 차, 커피 등에 들어 있는 다른 형태의 노동과 동등한 것으로 여겨진다. 직포 노동은 인간 노동의 일반 형태가 된다. 여기서는 서로 다른 성질을 가진 노동의 구체적 형태는 무시되고, 모든 형태의 노동이 인간 노동 일반, 즉 추상적 인간 노동으로 환원된다. 이제 일반적 가치 형태는 다음 단계로 발전한다.

‖ 화폐 형태 ‖

20미터의 아마포 =2온스의 금
1벌의 저고리   =   ″

10그램의 차	=	〃
40그램의 커피	=	〃
1쿼터의 밀	=	〃
X량의 상품 A	=	〃

일반적 가치 형태에서는 어떤 상품이라도 일반적 등가물이 될 수 있다. 그런데 특정한 상품이 일반적 등가물로서 객관적 고정성과 사회적 타당성을 얻게 되면, 그 상품은 이제 '화폐 상품'이 된다. 다시 말해 특정한 상품이 일반적 등가물의 지위를 차지하여 사회로부터 인정을 받게 되면 그 상품이 화폐가 되는데, 이러한 가치 형태를 '화폐 형태'라고 한다. 이제 화폐로 기능하는 상품은 일반적 등가물의 역할을 담당하면서 그 지위를 독점하게 된다. 역사 전개 과정에서 그러한 특권적 지위를 차지한 것이 바로 '금'이다. 일반적 가치 형태에서 일반적 등가물로 기능하던 아마포의 자리에 금이 들어서게 된 것이다.

이러한 화폐 형태는 전개된 가치 형태와 큰 차이점이 없다. 다만 다른 상품들과 직접 교환될 수 있는 일반적 등가물의 자리가 사회적 관습에 의해 금이라는 상품에 의해 독점되었다는 점이 다를 뿐이다. 금이 화폐의 지위를 얻을 수 있었던 것은 이전부터 금이 하나의 상품으로서 다른 상품들과 교환되고 있었기 때문이다. 다른 모든 상품과 마찬가지로 금도 처음에는 하나의 등가물에 불과했다. 그러다가 점차 일반적 등가물로 기능하기 시작했으며, 그 과정에서 금이 일반적 등가물의 지위를 독점하자마자 화폐 상품이 된 것이다.

어떤 상품의 가치를 금과 같은 화폐 형태로 표현하게 되면, 그것은 '가격 형태'가 된다. 예를 들어 아마포의 가격 형태는 다음과 같다.

20미터의 아마포＝2온스의 금

여기서 만약 '2온스의 금'의 주화 명칭이 '2원'이라면 가격 형태는 다음과 같다.

20미터의 아마포＝2원

화폐는 어떤 기능을 담당하는가?

나는 이 책에서 설명을 간단하게 하기 위해 금을 화폐 상품을 대표하는 물건으로 취급할 것이다.[2] 이제 화폐로 사용되는 금이 어떤 기능을 담당하는지 살펴보자.

｜가치 척도의 기능｜
금의 첫째 기능은 상품들의 가치를 표현하는 재료를 제공하는 것

---

2) 역사적으로 볼 때 금 이외에도 은이나 동, 철과 같은 다양한 물건들이 화폐로 사용되었는데, 여기서는 설명을 편하게 하기 위해 금을 대표 사례로 들겠다는 말이다.

이다. 금은 다양한 상품들의 가치를 같은 단위의 크기로 표현하는 수단이 된다. 즉, 상품들의 가치는 금의 양을 기준으로 서로 비교될 수 있다. 그래서 금은 '가치의 척도'로서 기능하는데, 오직 이 기능에 의해서만 금이라는 특수한 등가 상품은 화폐가 된다.

화폐가 존재하기 때문에 상품들이 같은 단위로 측정될 수 있는 것이 아니라, 오히려 그 반대다. 모든 상품에는 공통으로 인간 노동이 들어 있기 때문에 상품들의 가치가 같은 단위로 측정될 수 있는 것이다. 그래서 모든 상품은 하나의 특수한 상품에 의해 같은 단위로 측정될 수 있으며, 그러한 과정에서 이 특수한 상품이 공통의 가치 척도, 즉 화폐로 전환할 수 있다. 가치 척도로서의 화폐는 상품들 속에 들어 있는 노동 시간이 겉으로 드러난 것이다.

상품의 가치를 금의 양으로 표현한 것이 그 상품의 화폐 형태, 즉 '가격'이다. 이제 철의 가치를 사회에서 두루 쓰이는 형태로 표시하기 위해서는 '1톤의 철=2온스의 금'이라는 하나의 등식만으로 충분하다. 왜냐하면 금이 이미 화폐의 성격을 갖고 있기 때문이다.

상품의 가치나 가격은 손으로 직접 만질 수 있는 것이 아니고, 단지 관념적·개념적 형태로만 존재하는 것이다. 철, 아마포, 밀의 가치는 직접 눈에 보이지는 않지만 그 물건들 속에 존재한다. 그 가치는 그 물건들과 금의 동등함에 의해서, 다시 말해 머릿속에서 계산되는 금과의 관계에 의해서 표현된다. 그러므로 상품 소유자가 상품의 가격을 외부 세계에 전달하기 위해서는 자신의 혀로 그 상품의 가격을 말하든가, 또는 그 상품에 가격표를 매달아 주든가 해야 한다. 상품의 가치를 금으로 표현하는 일은 머릿속에서 이루어지는 관념적 행위이기 때문에, 이 기능을 위해서는 관념 속에 존재하는 상상의 금을 사용할 수도 있다. 상품 소유자라면 누구나 알듯이, 자기가 가진 상품의 가치를 몇 백만 온스의 금이라고 평가하더라도 실제 금은 한 조각도 필요하지 않다. 그러므로 화폐가 가치 척도의 기능을 담당할 때, 화폐는 다만 상상의 화폐 또는 관념적인 화폐로서만 기능한다.

그런데 때로는 상품의 가격이 그 상품의 가치를 제대로 표현하지 못할 수도 있다. 즉, 상품의 가격이 상품의 가치와 일치하지 않을 수도 있다. 예를 들어 1쿼터의 밀에 들어간 노동의 가치가 2온스의 금으로 표현된다고 하자. 여기서 2온스의 금은 1쿼터의 밀이 지닌 가치를 화폐로, 즉 가격으로 표현한 것이다. 만약 시장에서 밀에 대한 수요와 공급의 변동과 같은 어떤 사정이 생겨서 1쿼터의 밀에 대한 가격이 3온스로 올라가거나 또는 1온스로 내려간다고 하자. 이 경우에 3온스나 1온스라는 가격은 밀의 가치를 표현하기에는 너무 높거나 너무 낮다. 따라서 어떤 상품의 가격과 가치 사이에 간격이 발생할 수도 있다.

또한 상품의 가격이 그 상품의 가치를 전혀 표현하지 않을 수도 있다. 어떤 물건은 일정한 가격을 갖지만, 가치는 전혀 갖지 않는 경우도 있기 때문이다. 그 자체로는 상품이 아닌 것, 예를 들면 양심이나 명예 등은 거기에 인간 노동이 들어 있지 않기 때문에 가치가 없지만, 어떤 사람들은 그러한 양심이나 명예를 일정한 가격으로 판매하기도 한다. 황무지의 경우도 마찬가지다. 황무지는 거기에 인간 노동이 전혀 들어 있지 않기 때문에 가치를 갖지 않지만, 일정한 가격으로 거래되기도 한다.

상품의 가격이 결정되는 배후에는 그 상품에 들어간 노동량, 즉 가치가 자리 잡고 있다. 따라서 가격은 가치를 표현해 준다. 그렇지만 때로는 이와 같이 가격과 가치 사이에 간격이 생겨서 상품의 가격이 상품의 가치를 제대로 표현해 주지 못하는 경우도 있다.

▌유통 수단▐

상품은 시장에서 교환 과정을 거친다. 어떤 생산자가 20미터의 아마포를 갖고 있는데, 그것의 가격이 2온스라고 하자. 그는 20미터의 아마포를 2온스와 교환하고, 그다음에 성실하고 정직한 사람답게 2온스를 성경책과 다시 교환한다. 여기서 아마포는 그것의 가치 형태인 금과 교환되고, 그 금은 다시 다른 상품인 성경책과 교환된다. 이제 성경책은 사용 가치를 지닌 물건으로서 그 사람이 지닌 신앙의 욕구를 충족시켜 준다. 이처럼 상품은 교환 과정에서 두 번의 형태 변화를 겪는다. 즉, 상품이 화폐로 바뀌고, 이 화폐가 다시 상품으로 바뀐다. 이러한 교환 과정을 통해서 그 사람의 노동 생산물과 다른 사람의 노동 생산물 사이에 교환이 이루어진다. 상품의 교환 과정에서 생기는 이러한 형태 변화를 정리하면 다음과 같다.

상품 ― 화폐 ― 상품
C ― M ― C[3]

여기서 C―M은 상품을 화폐로 교환하는 '판매'의 과정이며, M―C는 화폐를 상품으로 교환하는 '구매'의 과정이다. 이 두 과정을 결합하면 C―C, 즉 화폐를 매개로 두 상품의 교환이 이루어진다. 이러한 상품의 교환 과정이 순환을 이룰 때, 이것을 '상품 유통'이라고 한다.

상품이 화폐로 바뀌는 것을 상품의 '결사적인 도약(상품이 팔리기 위해 필사적으로 노력한다는 의미로 쓴 관용어)'이라 말할 수 있다. 만약 이 도약이 실패한다면 상품 자체는 고통스러울 것이 없지만, 상품 소유자는 고통을 겪게 된다. 사회적 분업은 상품 소유자의 노동을 일면적으로 만들지만, 이와 동시에 그의 욕망은 다면적으로 만든다. 다시 말해 분업이 발달한 사회에서 생산자는 주로 한 가지 상품을 생산하는 데에 종사하지만, 그의 욕망은 다양한 상품을 요구한다. 따라서 그는 자신의 욕망을 채우기 위해 다양한 상품을 구입할 수 있어야 하는데,

---

3) 여기서 C는 상품(Commodity)을 가리키며, M은 화폐(Money)를 가리킨다.

이를 위해서는 화폐가 필요하다.

화폐는 사회적으로 인정된 등가물로 언제든지 다른 상품과 교환될 수 있다. 그런데 그 화폐는 다른 사람의 주머니 속에 들어 있다. 화폐를 다른 사람의 주머니로부터 끌어내기 위해서는 자신이 생산한 상품이 화폐를 소유한 다른 사람에게 사용 가치가 있는 물건이어야 한다. 따라서 상품이 상품으로 기능하려면 그것은 사회에서 유용한 물건이어야 하며, 이런 측면에서 볼 때 상품 생산은 사회적 분업이라는 형태로 이루어진다.

화폐는 상품의 교환 과정, 즉 판매와 구매 과정에서 매개 역할을 담당한다. 화폐는 상품 유통을 매개하는 유통 수단으로서 기능한다. 그런데 겉모습만 보면 화폐가 독립된 힘을 갖고서 능동적으로 상품 유통을 주도하여 상품을 판매자의 손에서 구매자의 손으로 옮겨 주는 것처럼 보인다. 그러나 실제로는 그렇지 않다. 화폐 유통은 상품 유통의 결과에 불과하다. 유통 수단으로서 화폐의 운동은 상품이 자신의 형태를 바꾸는 상품의 운동을 반영한 것에 불과하다. 상품은 교환 가치를 갖고 있으며, 이로 말미암아 화폐를 매개로 상품들 사이에 교환이 이루어지는 것이다.

| 축장 기능 |

상품 유통이 발전함에 따라 화폐로서의 금을 가지려는 필요성과

열망이 생겨난다. 사람들은 언제든지 다른 상품을 구매할 수 있는 화폐를 미리 갖고 있으려고 한다. 지금 당장 다른 상품을 구매하기 위해서가 아니라, 단지 화폐를 얻기 위해 자신의 상품을 판매한다. 여기서 화폐는 유통을 매개하는 수단이 아니라 그 자체가 목적이 된다. 상품을 판매하여 얻은 화폐가 다른 상품을 구매하는 데 사용되지 않고 화폐 형태 그대로 보관된다. 이렇게 화폐가 유통 과정에서 빠져나와 개인의 수중에 축적되고 저장되면, 그 화폐는 '축장 화폐(蓄藏貨幣)'가 된다.

상품 생산이 더욱 활발하게 이루어지면, 사람들은 그 사회에서 보편적 교환 가치로 인정받는 화폐를 갖고 있어야 한다. 사람들의 욕망은 끊임없이 새롭게 바뀌며, 따라서 다른 사람이 생산한 다양한 상품을 끊임없이 구매해야 하기 때문이다. 그런데 자신의 상품을 생산하여 판매하는 데는 시간이 걸리고 상품 교환은 우연하게 이루어지기 때문에, 자신이 원하는 상품을 자신이 원하는 때에 항상 구매할 수는 없다. 따라서 언제든지 다른 상품을 구매하기 위해서는 항상 화폐를 가지고 있어야 한다. 이러한 이유 때문에 금이나 은과 같은 화폐가 유통 과정에서 빠져 나와 따로 축적되고 저장된다. 또한 언제든지 다른 상품과 쉽게 교환할 수 있는 금에 대한 갈망도 늘어난다. 상품 유통이 확대될수록 언제라도 사용할 수 있는 사회적 부의 형태인 화폐의 힘도 커진다. 이와 관련하여 콜럼버스(Columbus, 15세기 이탈리아의 탐

험가)는 이렇게 말했다. "금은 놀라운 물건이다! 그것을 가진 자는 자기가 원하는 모든 물건을 지배할 수 있다. 금은 영혼을 천국으로 보내 줄 수도 있다."

상품이든 상품이 아니든 모든 것이 화폐로 바뀔 수 있다. 어떤 것이든 유통 과정에 뛰어들기만 하면 그것은 금화로 바뀌어 다시 나온다. 유통 과정은 모든 것을 금화로 바꿔 주는 거대한 사회적 도가니다. 이 연금술에서는 성자조차 견뎌 낼 수 없다. 따라서 보통 인간인 우리는 말할 것도 없다. 그야말로 모든 것이 화폐로 사고팔 수 있는 대상이 된다. 그런데 화폐는 그 자체가 상품이므로 누구라도 화폐 소유자가 될 수 있으며, 그 결과 화폐의 사회적 힘은 개인의 사적인 힘으로 바뀌게 된다.

화폐를 많이 가진 사람일수록 사회에 미치는 힘이 커진다. 그래서 고대 사회에서는 화폐를 사회의 경제 질서와 도덕 질서를 파괴하는 나쁜 물건이라고 비난했다. 반면에 근대 자본주의 사회에서는 플루톤(Pluton, 지하 세계를 다스리는 부(富)와 저승의 신)의 머리털을 잡아 그를 땅속에서 끌어올리고 황금을 성스러운 물건으로 숭배한다. 금을 화폐로 축장하려는 사람은 황금을 신처럼 숭배하면서 이것을 위해 자신의 모든 것을 바친다. 그는 근면과 절약, 탐욕을 덕목으로 삼으며, 많이 판매하고 적게 구매하는 것을 경제학의 원칙으로 삼는다.

상품 유통이 확대되면 상품의 양도와 가격 지불이 동시에 이루어 지지 않고, 이 둘 사이에 일정한 시간 간격이 생길 수 있다. 상품을 구매하면서 바로 화폐를 지급하면, 화폐는 유통 수단으로 기능한다. 그런데 상품을 외상으로 구매할 경우에 구매자는 그 상품을 받기는 하지만 상품 가격을 바로 지급하지는 않는다. 이 경우에 상품 판매자 는 빚을 받을 수 있는 채권자가 되며, 상품 구매자는 빚을 진 채무자 가 된다. 채무자는 나중에 채권자에게 화폐로 빚을 갚는데, 이때 화 폐는 '지불 수단'으로 기능한다.

상품 교환이 활발해지면 이러한 외상 거래가 확대되고, 그 결과 채 무자와 채권자 관계가 연쇄적으로 형성된다. 그런데 만약 어떤 채무 자가 파산하여 외상을 갚지 못하면, 연쇄적으로 지불 불능 사태가 벌 어진다. A가 B에게 빚을 갚지 못하면 B도 C에게 빚을 갚지 못하는 문제가 연쇄적으로 발생함으로써 경제 혼란이 커지는데, 이것을 '화 폐 공황'이라고 한다. 화폐 공황이 발생하면 화폐 부족 현상이 더욱 심해진다. 그 결과 빚을 갚기 위해 필요한 화폐만이 중요시되고, 상 품 가격은 떨어진다. 사슴이 신선한 물을 원하듯 자본가의 영혼은 유 일한 부인 화폐만을 원한다.

화폐가 지불 수단으로 기능하게 되면, 이와 더불어 수표나 어음과 같은 신용 화폐가 등장한다. 신용 화폐는 외상으로 구매한 상품의 채무 증서가 시장에서 유통되는 것이다. 이제 대규모 상거래에서는 신용 화폐가 많이 사용되고, 소매 상거래에서는 금화나 은화가 주로 사용된다. 이러한 화폐의 지불 수단 기능이 확대되면, 채무를 갚기 위해 준비하는 화폐 축적도 늘어난다. 따라서 자본주의 사회가 발전하면 부를 축적하기 위한 목적의 축장 화폐는 사라지고, 그 대신에 지불 수단의 준비금으로 사용되는 축장 화폐가 증가한다.

화폐의 종류

화폐 사용이 많아지면, 화폐 형태도 다양해진다. 처음에는 금화가 주로 사용되다가, 점차 금속 주화, 지폐, 신용 화폐도 널리 사용된다. 화폐의 여러 형태 가운데 가장 대표인 것이 금 또는 금화다. 금은 가치가 매우 높기 때문에 작은 분량만으로도 다른 상품의 일반적 등가물이 될 수 있고, 분할이나 보관, 운반도 편리하기 때문에 예전부터 화폐로 널리 사용되었다. 화폐로 사용되는 금은 교환의 편리성을 위해서 주화 형태로, 즉 금화 형태로 거래된다. 따라서 금화와 금덩어리는 단지 겉모습만 다를 뿐 가치는 같기 때문에 언제든지 한 형태에서 다른 형태로 바뀔 수 있다. 조폐창에서 만든 금화는 언제든지 다시 녹여져 금덩어리로 바뀔 수 있다.

그런데 금화는 유통되는 과정에서 어떤 것은 많이 닳고 어떤 것은 적게 닳는다. 그래서 금화의 명칭(법으로 정한 무게)과 그것의 실제 무게 사이에 차이가 생긴다. 예를 들면 '1온스의 금화'라는 명칭이 붙은 금화가 유통 과정에서 닳아 실제로는 1온스가 되지 못하고 0.9온스의 무게에 그칠 수 있다. 유통 수단으로서 금의 무게가 가격의 척도로서 금의 무게와 차이가 나게 되며, 그 결과 금화가 상품의 진정한 등가물이 되지 못하는 문제가 생긴다. 이로 말미암아 중세 및 근세의 금화 역사는 18세기까지 혼란을 겪었다.

화폐가 유통되는 과정에서 금화의 실제 무게가 그것의 법정 무게와 분리되고, 화폐로서 금화와 단순한 금속으로서 금화가 구분된다. 즉, 단지 가치를 표시해 주는 금화와 그 자체로 실제 가치를 지닌 금덩어리가 구분된다. 이제 금화는 단지 가격을 표시하는 '상징적 기능'만을 담당한다. 따라서 일정한 가격을 상징하는 화폐를 굳이 금으로 만들 필요가 없어진다.

금은 그 자체가 높은 가치를 지닌 물건이기 때문에 작은 단위의 가격을 표시하려면 아주 작은 금화를 만들어야 하는데, 이것은 기술적으로 어려울 뿐만 아니라 사용할 때도 불편하다. 그래서 작은 단위의 화폐 형태에서는 금화 대신 은이나 동, 철과 같은 금속으로 만든 주화가 사용된다. 금화가 가장 빠르게 유통되는, 따라서 가장 빠르게 닳는 영역에서 은과 구리가 금을 대신한다. 이러한 금속 주화는 금화는 아니지만, 거기에 표시된 가격을 상징적으로 지닌 화폐로 간주

된다. 이제 금속 주화는 그 자체의 가치와는 상관없이 거기에 표시된 가격을 지닌 상징물로 널리 이용된다.

주화에 표시된 가격이 주화 자체의 금속 가치로부터 완전히 분리되었다면, 이제 금속보다 가치가 더 낮은 물건도 화폐로 사용될 수 있다. 그 대표인 것이 바로 종이로 만든 지폐다. 지폐의 재료인 작은 종이는 그 자체로는 거의 가치가 없다. 그렇지만 지폐는 거기에 표시된 가격을 상징적으로 지닌 화폐로 간주된다. 그래서 금속 주화에서는 어느 정도 감추어져 있던 화폐의 상징적 성격이 지폐에서는 매우 뚜렷하게 나타난다. 지폐는 단지 상징적 가치만을 지닌 화폐가 된다.

화폐 형태는 금화, 금속 주화, 지폐 등을 거쳐서 신용 화폐로 발전한다. 여기서 신용 화폐란 어음이나 수표 등을 가리킨다. 자본주의의 발전과 더불어 신용 제도가 정착된 사회에서는 이제 지폐뿐만 아니라 신용 화폐도 널리 사용된다. 상품의 판매와 구매에 사용되는 지폐가 주로 유통 수단으로 기능한다면, 신용 화폐는 주로 지불 수단으로 기능한다. 상품을 구매할 때 어음이나 수표 같은 신용 화폐를 지급하면, 그 상품에 대한 대가를 바로 지급하는 것이 아니라 나중에 어음이나 수표를 결제할 때 지불한다. 이렇게 지불 수단으로 사용되는 신용 화폐는 화폐의 상징적 기능을 분명하게 보여준다.

'1온스의 금'이나 '5온스의 금'과 같이 화폐 명칭이 인쇄된 지폐는 국가에 의해 유통 과정에 들어간다. 지폐가 실제로 같은 양의 금을 대신해서 유통되는 한, 그것은 화폐 유통의 일반 법칙들을 따른다. 지폐는 단지 금을 대신해 유통될 따름이다. 이것이 가능하려면 지폐 발행량이 실제로 유통될 금의 양보다 많아서는 안 된다. 만약 지폐가 이러한 한도를 넘어서 발행된다면, 지폐의 신용이 떨어질 뿐만 아니라 지폐의 실제 가격도 떨어진다. 지폐의 유통량이 적절한 한도보다 2배 초과하여 유통되면, '2온스의 금'이 표시된 지폐는 실제로는 '1온스의 금'이 표시된 지폐로서 기능하게 된다.

지폐는 상징적인 화폐다. 화폐의 상징적 기능이 제대로 이루어지기 위해서는 그것이 사회에서 객관적인 정당성을 지녀야 한다. 이러한 정당성은 국가의 강제적 통용 능력에 의해 얻어진다. 즉, 국가가 지폐를 강제로 통용시킴으로써 지폐는 화폐 기능을 담당할 수 있다. 이러한 국가의 강제력은 한 공동체의 국내 유통 분야에서만 효력이 있다.

상품과 화폐의 물신적 성격과 그 비밀

상품은 사용 가치를 지닌 물건으로 인간의 욕망을 충족시켜 주는데, 이런 점에서 보면 상품에는 조금도 신비한 요소가 없다. 인간이 노동을 통해 자연물을 가공하여 유용하게 만드는 일은 어느 사회에나 있었던 자연스러운 일이다. 예를 들면 목재를 가공하여 책상을 만들 경우, 그 과정에서 목재의 형태는 변하지만 그 책상은 여전히 목재이며 감각으로 확인할 수 있는 물건이다. 그러나 책상이 상품으로 나타나자마자 그것은 초감각적인 물건이 된다. 상품은 인간이 노동을 통해 만든 물건임에도 불구하고 마치 그것과는 전혀 상관이 없다는 듯이 하나의 독립된 힘을 가진 물건으로 나타난다.

그렇다면 노동 생산물이 상품 형태로 바뀌면서 발생하는 이런 수수께끼와 같은 현상은 어떻게 생겨나는가? 그것은 생산 과정에서 맺는 생산자들 사이의 사회적 관계가 노동 생산물들 사이의 사회적 관계로 바뀌어 나타나기 때문에 벌어지는 현상이다. 다시 말해 상품에 들어 있는 인간 노동의 사회적 성격은 보이지 않고, 상품 자체가 지닌 자연적 성질로 말미암아 그 상품이 다른 상품과 교환될 수 있는 독립된 가치를 지닌 것처럼 보인다. 상품의 생산 및 교환 과정에서 형성되는 생산자들 사이의 사회적 관계는 감춰지고, 그 대신에 상품 자체의 힘에 의해 상품들 사이에 독립된 관계가 형성된 것처럼 보이는 것이다. 이것이 바로 상품의 신비성, 즉 '물신적 성격(物神的 性格)'이다. 상품이 마치 신(神)처럼 독립된 힘을 가진 신비한 존재로 등장한다.

상품들이 독자적으로 서로 관계를 맺는 것처럼 보이는 이러한 물신 현상은 실제로는 인간들이 상품을 매개로 서로 사회적 관계를 맺는 것에 불과하다. 우리는 이러한 현상의 사례를 종교 영역에서도 찾아볼 수 있다. 종교에 등장하는 신은 실제로는 인간의 사고가 만들어낸 상상의 인물일 뿐이다. 그런데 인간 두뇌가 만든 이 인물이 스스로 생명을 가진 독립된 인물로 등장하여 신의 자리를 차지한다. 이와 마찬가지로 상품 세계에서는 인간이 만든 상품이 그러한 존재로 등장한다. 그래서 상품을 마치 신처럼 숭배하고 떠받드는 '물신 숭배(物神崇拜)'가 발생하는데, 이것은 노동 생산물이 상품 형태로 되자마자 거기에 달라 붙기 때문에 상품 생산과 분리될 수 없다.

상품들 사이에 일정한 가치 관계가 형성되어 교환이 이루어지는 것은, 그 상품들 속에 공통으로 인간 노동이 들어가 있기 때문이다. 그런데 사람들은 이것을 제대로 보지 못하고, 오히려 상품들이 서로 가치 관계를 맺기 때문에 여기서 인간 노동의 공통 성질이 확보된다고 오해한다. 인간 노동의 공통 성질이 상품들 사이의 가치 관계를 형성하는 바탕인데, 오히려 상품들 사이의 가치 관계가 인간 노동에 공통 성질을 가져다 준다고 착각하는 것이다. 바로 이러한 착각 때문에 상품의 물신적 성격과 물신 숭배가 발생한다.

상품이 신비한 힘을 가진 것처럼 보이는 물신적 성격이나 상품을 숭배하는 물신 숭배는 근대 자본주의 사회처럼 상품 생산이 광범위하게 이루어지는 특정한 사회에서만 나타난다. 이러한 상품의 신비한 힘은 다른 형태의 사회에서는 찾아볼 수 없다. 예를 들어 로빈슨 크루소(Robinson Crusoe)의 이야기를 살펴보자. 로빈슨 크루소는 검소한 성격을 지녔지만, 자신의 기본 욕구를 채우기 위해서 도구를 만들고, 가구를 제작하고, 염소를 길들이고, 물고기를 잡고, 사냥을 하는 등 여러 종류의 노동을 한다. 그러한 노동의 구체적 형태는 다양하지만, 거기에는 공통으로 인간 노동이 들어가 있다. 그래서 로빈슨 크루소는 자신의 노동을 효과적으로 사용하기 위해서 각 분야별로 노동 시간을 적절히 분배하려고 노력하며, 부서진 배에서 시계, 장부, 잉크, 펜을 꺼내와 물건을 생산하는 데 걸리는 노동 시간을 일일이 기록한다. 로빈슨 크루소와 그가 생산한 물건들 사이의 관계는 너무나 간단명료해서 그 누구라도 그 관계를 쉽게 이해할 수 있으며, 거기에는 어떤 신비한 힘도 존재하지 않는다.

이제 중세 유럽으로 눈을 돌려보자. 그 시대에 농노는 영주에게 예속되어 있었으며, 바로 그 때문에 노동 생산물은 신비한 모습을 취할 필요가 없었다. 농노는 영주를 위해서 일정한 기간 동안 자신의 노동력을 바쳐야 한다. 따라서 농노와 영주의 관계는 상품 생산이 중심을 이루는 자본주의 사회에서처럼 물건들 사이의 관계로 나타나지 않고 인간들 사이의 관계로 나타난다. 여기서는 인간들 사이의 관계가 직접적인 사회 관계로 나타나기 때문에 상품의 물신적 성격이 생기지 않는다.

또 다른 사례로 공동 노동을 통해 자급자족 생활을 하는 가부장제 농민 가족을 살펴보자. 이 농민 가족은 자신들에게 필요한 곡물이나 가축, 천, 옷 등을 직접 생산한다. 이 물건들은 그 가족들의 집단 노동을 통해 생산되지만, 상품으로 거래되지는 않는다. 이들은 가족 구성원들의 성이나 연령에 따라 작업 종류와 시간을 나눠 물건을 생산한다. 이 경우 각 개인의 노동력은 처음부터 가족 전체 노동력의 일부분으로 작용한다. 따라서 여기서는 가족들이 상품을 통해 서로 관계를 맺는 것이 아니라 직접 사회 관계를 맺기 때문에 상품의 물신적 성격이 나타나지 않는다.

마지막으로 생산 수단을 사회가 공동으로 소유하여 관리하는 '자유인들의 연합체(공산주의 사회를 말함)'를 생각해 보자. 자유인들의 연합체에서 생산한 노동 생산물은 사회적 생산물이다. 여기서는 사회적 협동을 통해 생산한 물건을 사회가 공동으로 소유하여 분배한다. 생산물의 일부는 새로운 생산 수단으로 사용되며, 나머지는 사회 구성원들에게 분배되어 생계 수단으로 소비된다.

만약 생산물을 각자의 노동 시간에 따라 분배한다고 가정하면, 노동 시간이 분배 기준이 된다. 이렇게 하면 노동 시간은 이중 역할을 한다. 노동 시간을 사회에서 계획하여 구성원들에게 배분하면, 이 연합체의 다양한 욕구에 따라 노동의 적절한 배분 비율이 결정된다. 다른 한편으로 노동 시간은 각 개인이 공동 노동에 어느 정도 참여했는지를 측정하는 기준이 되기 때문에, 공동 생산물을 각 개인에게 분배할 때도 기준이 된다. 그러므로 여기서는 생산이나 분배 과정에서 사람들이 맺는 사회 관계가 명료하고 간단하게 직접 나타나기 때문에 상품의 물신적 성격이 발생하지 않는다.

화폐의 물신적 성격도 상품의 물신적 성격과 그 발생 과정이 같다. 화폐의 발생 과정에서 볼 수 있듯이, 여러 상품들이 자신의 가치를 하나의 특정한 상품으로 표현할 때 그 상품은 화폐가 된다. 그런데 겉모습만 보면, 그 상품이 원래부터 화폐였기 때문에 다른 상품들이 자신들의 가치를 그 상품으로 표현한 것처럼 보인다. 그래서 화폐가 원래부터 모든 상품과 교환될 수 있는 독자적인 신비한 힘을 갖고 있다는 착각이 발생한다. 이것이 바로 화폐의 물신적 성격이다.

금이라는 상품은 지하에서 나오자마자 모든 인간 노동을 대변하는 화신처럼 보이며, 거기서 화폐의 신비함이 형성된다. 상품의 물신적 성격은 화폐에서 더욱 심해진다. 화폐로 사용되는 금은 다른 상품과 마찬가지로 인간 노동을 통해 생산된 하나의 상품일 뿐이지만, 그것의 화폐 기능으로 말미암아 독립된 힘을 가진 물건으로 보인다. 그렇지만 화폐의 물신적 성격도 상품의 물신적 성격처럼 사람들의 눈을 현혹시키는 착각에 불과하다. 화폐가 신비한 힘을 갖고 있다는 생각은, 다른 상품들이 자신들의 가치를 금이라는 특정한 상품으로 표현하기 때문에 그 금이 화폐로 유통된다는 점을 제대로 인식하지 못한 데서 나온 것이다. 그러므로 화폐 물신의 수수께끼는 상품 물신의 수수께끼가 사람들의 눈을 현혹시키는 것에 불과하다.[4]

---

4) 자본주의 사회가 아니라 앞에서 말했던 로빈슨 크루소가 살았던 섬이나 중세 유럽, 또는 공동 노동 사회라면 상품의 물신적 성격과 마찬가지로 화폐의 물신적 성격도 발생하지 않는다.

3 자본이란 무엇인가?

capital

THE·STRONG·MAN:·A·CARTOON·FOR·LABOUR·DAY
MAY. "Yes, there can be no doubt about your strength, if you can support all those; but don't you think it's time to take a holiday?"

자본가의 이윤에 대한 끝없는 욕망

자본주의 사회에서 자본가는 이윤에 대한 끊임없는 욕망을 채우기 위해 노동자를 착취한다. 따라서 이 그림처럼 노동절마저 쉬지 말고 일하라고 강요한다. (월터 크레인, 힘센 노동자, *Justice*, 1897)

3. 자본이란 무엇인가?

. . . .

　마르크스는 제2장에서 상품이 화폐로 바뀌는 과정을 분석했는데, 제3장에서는 화폐가 자본으로 바뀌는 과정을 분석한다. 화폐와 자본은 차이가 있다. 자본이란 화폐 가운데서도 유통 과정에 들어간 화폐를 가리킨다. 자본은 유통 과정에서 더 많은 화폐를 얻기 위해 끊임없이 운동하는데, 이 과정에서 추가로 얻게 된 가치가 잉여 가치다. 자본은 스스로 움직일 수 없기 때문에 이를 담당할 사람이 필요한데, 이 사람이 바로 자본가다. 자본가는 자본의 운동 논리에 따라 끊임없이 이윤을 추구하기 때문에 인격화된 자본, 즉 자본의 대변자라고 볼 수 있다.

　자본은 유통 과정에서 화폐 형태와 상품 형태를 번갈아 거치면서, M(화폐)―C(상품)―M'(잉여 가치가 더해진 화폐)로 운동을 한다. 잉여 가치는 단순한 유통 과정이 아니라 생산 과정에서 만들어진다. 그렇기 때문에 생산 과정에 들어간 산업 자본이 잉여 가치를 만들어 내는 대표 자본이 된다.

자본과 화폐의 차이점은 무엇인가?

상품 유통은 자본의 출발점이다. 상품 생산과 상품 유통, 그리고 이로 말미암은 상업의 활성화가 자본이 형성되기 위한 전제 조건이다. 세계 무역과 세계 시장이 형성된 16세기부터 근대 자본의 역사는 시작된다.

자본은 처음에는 화폐 재산이나 상인 자본처럼 화폐 형태를 취한다. 이러한 현상은 오늘날에도 쉽게 볼 수 있다. 오늘날에도 새로운 자본은 언제나 화폐 형태로 시장에 등장한다. 그렇지만 화폐와 자본 사이에는 차이점이 있다. 그 차이점은 무엇인가?

우선 화폐와 자본은 그 유통 형태가 서로 다르다. 일반적인 상품 유통은 C(상품)—M(화폐)—C(상품)의 과정을 거친다. 우리는 상품을 판매하여 화폐를 얻은 다음에, 그 화폐로 다시 상품을 구매한다.[1]

이에 비해 M—C—M의 과정도 있다. 우리는 화폐로 상품을 구매한 다음에, 그 상품을 판매하여 다시 화폐를 얻는다. 제1단계인 M—C(구매)에서는 화폐가 상품으로 바뀌며, 제2단계인 C—M(판매)에서는 상품이 화폐로 바뀐다. 화폐로 상품을 구매한 이유는 그 상품을 판매

---

1) 예를 들어, 어떤 농부가 밀을 팔아서 화폐를 얻은 다음에 그 화폐로 다시 옷을 사면, 그 농부는 판매와 구매의 과정을 거친 것이다. 여기서 화폐는 밀과 옷이라는 두 상품이 서로 교환되도록 도와주는 역할을 한다. 다시 말해 유통 수단의 기능을 맡는다. 이것은 단순한 화폐로서 화폐가 유통되는 과정이다.

하여 다시 화폐를 얻기 위해서다. 이러한 유통 과정을 거치면 결과적으로 화폐와 화폐의 교환이 이루어진다. 만약 내가 100원으로 면화를 구매한 후에 이 면화를 다시 판매하여 110원을 얻는다면, 결국 나는 100원을 110원과 교환한 셈이다. 즉, 화폐를 화폐와 교환하여 더 많은 화폐를 얻은 것이다. 바로 이것이 화폐가 자본으로서 유통되는 과정이다. '단순한 화폐'가 상품을 얻기 위한 목적으로 유통된다면, '자본으로서 화폐'는 화폐, 특히 더 많은 화폐를 얻기 위한 목적으로 유통된다.

만약 화폐가 유통되는 M—C—M의 과정에서 결과적으로 100원이 100원과 교환된다면, 이 유통 과정은 의미가 없다. 더 많은 화폐를 얻을 수 없다면 자기가 가진 100원을 굳이 위험하게 유통 과정에 내놓을 필요가 없으며, 오히려 화폐를 그대로 갖고 있는 축장 방법이 훨씬 간단하고 안전하다. 물론 특별한 사정 때문에 상인이 100원에 구입한 면화를 110원이 아니라 100원에 판매할 수도 있으며, 심지어 50원이라는 아주 싼값으로 판매할 수도 있다. 그러나 이런 경우조차도 화폐는 M—C—M의 유통 과정을 거치면서 결국 화폐를 얻기 위해 운동한다. 화폐 유통은 화폐, 특히 더 많은 화폐를 얻기 위한 것이다. 이렇게 더 많은 화폐를 얻기 위해 유통 과정에 들어간 화폐를 자본이라고 한다.

잉여 가치를 얻기 위한 자본의 운동

단순한 화폐가 유통되는 C—M—C의 과정에서는 양쪽 끝에 상품이 자리를 잡고 있다. 어떤 농부가 밀을 100원에 판매한 다음에 그 100원으로 옷을 구매했다면, 이 유통 과정의 양쪽 끝에는 밀과 옷이 있게 된다. 밀과 옷은 100원이라는 동일한 가치를 지닌 상품이지만, 상품의 종류가 서로 다르기 때문에 사용 가치도 서로 다르다.

이에 비해 자본으로서 화폐가 유통되는 M—C—M의 과정에서는 양쪽 끝에 화폐가 자리를 잡고 있다. 어떤 상인이 100원으로 면화를 구입한 다음에 그 면화를 110원에 판매했다면, 이 유통 과정의 양쪽 끝에는 모두 화폐가 있게 된다. 양쪽 끝에 있는 화폐는 동등한 화폐이기 때문에 질에서는 차이가 없고, 다만 그 양에서 차이가 있다. 유통 과정을 거치면서 처음에 들어간 화폐보다 더 많은 화폐가 생긴 것이다.

따라서 자본의 운동이 완전한 형태를 갖추려면 M—C—M의 과정에서 나중의 M이 처음의 M보다 더 커야 한다. 예를 들어 처음에 들어간 100원보다 10원이 더 많은 110원을 얻어야 한다. 그러므로 이 과정의 완전한 형태는 M(화폐)—C(상품)—M'(잉여 가치가 더해진 화폐)다. 처음에 들어간 화폐를 M, 증가분을 ⊿M, 나중에 생산된 화폐를 M'라고 하면, M'=M+⊿M이 된다. 즉, 110원=100원+10원이 된다. 여기서 처음에 들어간 화폐액을 넘어선 증가분 ⊿M을 '잉여 가치'라고 한다. 잉여 가치란 유통 과정에 들어간 자본이 자신의 가치를 넘어서서 추가로 얻은 가치를 가리킨다. 여기서는 증가액 10원이 잉여 가치가 된다. 처음에 들어간 가치(화폐)는 유통 과정에서 자신의 가치를 보존할 뿐만 아니라 자신의 가치를 증가시켜 잉여 가치를 만들어 낸다.

이렇게 유통 과정에 들어간 화폐가 자신의 가치를 늘려서 잉여 가치를 얻게 되면, 이제 단순한 화폐는 자본으로 완전히 바뀐다. 그래서 자본의 일반적인 유통 과정은 M—C—M'가 된다. 화폐가 자본으로 되면, 이제 자본은 잉여 가치를 얻는 것을 목표로 삼는다.

자본은 더 많은 화폐를 얻기 위해서 끊임없이 운동한다. 자본은 잉여 가치를 얻기 위한 무한한 욕구를 지니고 있다. 만약 잉여 가치가 더해진 화폐 M'가 일상 소비 과정에서 사용된다면, 그것은 자본으로서 자신의 역할을 포기한 것이다. 또한 이 자본이 유통 과정에서 떨어져 나간다면 축장 화폐로 굳어져서 한 푼의 잉여 가치도 늘어나지 않게 된다. 따라서 이 경우도 자본으로서 자신의 역할을 포기한 것이다.

처음에 들어간 화폐 M이 자본으로서 가치를 늘리려는 욕구를 지니듯이, 나중에 생산된 화폐 M'도 자본으로서 가치를 늘리려는 욕구를 지닌다. 따라서 자본의 유통 과정에서 종착점에 있는 화폐 M'

는 또다시 새로운 유통 과정에 들어가 하나의 출발점이 됨으로써 연속 순환을 한다. 유통 과정에서 100원이 10원의 잉여 가치를 증가시켜 110원이 되었는데, 이 110원은 더 많은 잉여 가치를 얻기 위해서 또다시 유통 과정에 들어간다. 잉여 가치를 계속해서 늘리려면 자본은 반복해서 유통 과정에 새롭게 들어가야 하며, 그 결과 자본의 순환 과정이 형성된다. 자본은 더 많은 잉여 가치를 얻기 위해 무한 운동을 한다.

이 운동의 의식적 담당자인 화폐 소유자는 '자본가'가 된다. 자본가는 화폐 소유자로서, 그의 주머니가 화폐의 출발점이자 종착점이 된다. 자본가는 잉여 가치를 늘려 더 많은 자본을 축적하는 것을 유일한 목표로 삼는다. 따라서 자본가는 의지와 의식이 부여된 '인격화된 자본'으로 기능한다.

자본가의 최고 목적은 끊임없는 이윤 추구다. 자본가와 구두쇠는 무한한 부를 축적하려는 욕망을 지녔다는 점에서 공통점을 갖는다. 그러나 구두쇠는 얼빠진 자본가에 지나지 않지만, 자본가는 합리적인 구두쇠다. 구두쇠는 화폐를 유통 과정에서 끌어내어(빼내서) 부를 축적하려고 하지만, 영리한 자본가는 화폐를 유통 과정에 끊임없이 집어넣어 부를 축적한다. 그래서 구두쇠는 새로운 투자에 관심이 없지만, 자본가는 새로운 투자에 많은 관심을 기울인다.

자본의 일반적 유통 과정

자본은 유통 과정에서 화폐 형태와 상품 형태를 번갈아 거치면서 순환한다. 이 순환 과정에서 자본은 잉여 가치를 생산하기 때문에 자본은 '화폐를 낳는 화폐'로 보인다. 자본의 운동 형태인 M—C—M'는 화폐로 상품을 구입하여 그 상품을 더 비싼 가격으로 판매하는 것이기 때문에, 이는 상업 자본에만 해당되는 것처럼 보인다. 상인은 물건을 싸게 구입하여 더 비싼 가격으로 판매함으로써 이윤, 즉 잉여 가치를 얻기 때문이다.

그러나 상업 자본뿐만 아니라 산업 자본도 이러한 운동 형태를 취한다. 산업 자본도 화폐로 상품을 구입한 다음에, 그것을 가공하여 새로운 상품을 만들어 판매함으로써 화폐를 얻는다. 산업 자본은 상업 자본에 비해 생산 과정이라는 좀 더 복잡한 단계를 거치지만, 전체적으로 보면 M—C—M'의 과정을 거친다. 남에게 화폐를 빌려 주고 그 대가로 이자를 받는 대부 자본도 이러한 과정을 거친다. 대부 자본은 중간 단계를 거치지 않고 M—M'의 운동, 즉 화폐가 더 많은 화폐로 직접 바뀌는 운동을 하는 것처럼 보이지만 실제로는 그렇지 않다. 대부 자본도 다른 자본과 마찬가지로 M—C—M'의 과정을 거친다.

이처럼 상업 자본뿐만 아니라 산업 자본, 대부 자본 등 모든 자본은 M—C—M'라는 유통 과정을 거친다. 따라서 자본의 일반적 유통 과정인 M—C—M'는 '자본의 일반 공식'이 된다.

그렇다면 자본의 유통 과정에서 잉여 가치는 어떻게 생겨나는가? 이 문제를 다루기 위해서 먼저 상품을 직접 교환하는 경우를 살펴보자. 상품 소유자들이 상품을 직접 교환할 경우 두 사람은 모두 이익을 얻는다. 이들은 자신에게 필요 없는 상품을 남에게 주고 자신에게 필요한 상품을 받는다. 포도주를 생산한 사람은 포도주를 주고, 그 대신에 자신에게 필요한 밀을 받는다. 밀을 생산한 농부는 밀을 주고, 그 대신에 자신에게 필요한 포도주를 받는다. 이들은 상품 교환을 통해서 자신에게 필요한 물건을 얻는다. 따라서 사용 가치의 측면에서 본다면 상품 교환은 양쪽 모두에게 이익을 주는 거래다.

그러나 교환 가치의 측면에서는 그렇지 않다. 100원의 가치를 지닌 포도주를 100원의 가치를 지닌 밀과 교환한다고 해서 두 사람이 가진 상품의 교환 가치가 증가하는 것은 아니다. 포도주와 밀이 서로 교환된다고 할지라도 각 상품의 가치는 여전히 100원이다. 이처럼 상품을 직접 교환할 경우 두 사람은 사용 가치의 측면에서는 이익을 얻지만, 교환 가치의 측면에서는 이익을 얻지 못한다.

상품을 직접 교환하는 것이 아니라 화폐가 중간에 개입된 경우도 마찬가지다. C—M—C의 경우를 살펴보자. 상품과 화폐가 같은 가격으로 교환된다면, 여기서도 가치에는 어떤 변화도 없다. 100원의 가치를 지닌 포도주를 100원에 팔고, 이 100원으로 다시 100원의 가치를 지닌 밀을 구입한다. 여기서는 같은 가치를 지닌 상품들 사이에 교환이 일어나기 때문에 가치는 여전히 100원이다. 이처럼 상품 교환의 순수 형태는 대체로 등가물 사이의 교환이기 때문에, 여기서는 가치가 증가하지 않는다. 같은 가치를 지닌 등가물들이 서로 교환되는 단순한 상품 유통에서는 잉여 가치가 생기지 않는 것이다.

이제 등가물이 아닌 상품들이 서로 교환되는 경우를 살펴보자. A가 40원의 가치를 지닌 포도주를 갖고 있는데, 이것을 B가 가진 50원의 가치를 지닌 밀과 교환했다고 하자. 이 교환을 통해서 A는 10원의 이익을 보았지만, B는 10원의 손해를 보았다. 따라서 전체로 보면 이 교환에서 가치는 더 증가하지 않았다. 상품을 교환하기 전에 두 사람이 갖고 있던 상품의 총가치가 90원이었는데, 교환 뒤에도 상품의 총가치는 여전히 90원이다. 서로 다른 가치를 지닌 상품들이 교환되었지만, 상품의 총가치는 변화가 없다.

이처럼 상품이 단순하게 유통되는 과정에서는 가치 총액이 증가하지 않고 항상 일정하다. 등가물이 서로 교환되더라도 잉여 가치는 생기지 않으며, 또한 등가물이 아닌 것들이 서로 교환되더라도 잉여 가치는 생기지 않는다.

자본의 일반적 유통 과정인 M—C—M'를 가장 분명하게 보여 주는 것은 상인 자본이다. 하지만 앞에서 설명했듯이 상품이나 화폐의 단순한 교환과 유통에서는 잉여 가치가 만들어지지 않는다. 따라서 상인 자본 M은 잉여 가치가 더해진 M'가 될 수 없다는 문제가 생긴다. 상인 자본은 원래 가치보다 싸게 상품을 사고, 원래 가치보다 비싸게 상품을 판매함으로써 이익(잉여 가치)을 얻는 것처럼 보인다. 즉, 상품의 판매자와 구매자 사이에서 그들을 속임으로써 이익을 얻는 것처럼 보인다. 이런 의미에서 프랭클린(B. Franklin, 18세기 미국의 정치가·과학자)은 "전쟁은 약탈이고, 상업은 사기다."라고 말했다. 그러나 상인 자본이 잉여 가치를 만들어 내는 현상을 단순한 속임수로만 보는 것은 잘못이다. 상인 자본이 어떻게 잉여 가치를 얻는지 밝히기 위해서는 복잡한 설명이 필요하다.

이처럼 잉여 가치는 단순한 유통 과정에서는 만들어지지 않기 때문에, 잉여 가치가 만들어지려면 유통 과정에서는 보이지 않는 그 무엇이 유통 과정의 배후에서 일어나야 한다. 예를 들어 어떤 제화공이 가죽을 구입하여 그것을 가공해서 구두를 만든다면, 이 과정에서 새로운 잉여 가치가 생겨난다. 즉, 잉여 가치는 상품의 단순한 유통 과정이 아니라 노동을 통해 상품을 만드는 생산 과정에서 만들어진다. 따라서 생산 과정에 들어간 자본인 산업 자본이 잉여 가치를 만들어 내는 대표 자본이 되며, 이에 비해 상인 자본과 대부 자본은 산업 자본에서 파생된 부차적인 자본이 된다. 이에 대해서는 나중에 좀 더 구체적으로 다루도록 하자.

노동력의 구매와 판매

잉여 가치는 상품의 생산 과정에서 만들어지는데, 이를 위해서는 자본가가 노동력을 하나의 상품으로 구입할 수 있어야 한다. 왜냐하면 노동력은 일반 상품과는 다른 특수한 상품으로서 잉여 가치의 원천이 되기 때문이다. 노동력이란 노동을 할 수 있는 인간의 능력을 가리킨다. 다시 말해 노동력은 인간의 신체 속에 존재하는 일을 할 수 있는 육체적·정신적 능력이다. 화폐 소유자가 시장에서 이러한 노동력을 자유롭게 구입할 수 있으려면 여러 가지 조건이 갖추어져야 한다.

첫째, 노동력의 소유자가 노동력을 상품으로 판매하려면 자신의 노동력을 자유롭게 처분할 수 있는 권리를 가져야 한다. 노동력의 소유자와 화폐 소유자는 시장에서 서로 대등한 상품 소유자로 만난다. 두 사람은 법적으로 평등하며, 다만 한 사람은 노동력의 판매자이고 다른 사람은 노동력의 구매자라는 점에서 차이가 있을 따름이다. 노동력을 판매하는 노동자는 노예가 아니라 자유인이다. 노예는 자신의 모든 노동력을 평생 동안 주인에게 바치지만, 노동자는 자신의 노동력을 일정한 계약 기간 동안만 자본가에게 판매한다. 따라서 노동자는 노예와는 다르게 노동 소유권을 완전히 포기하지 않는다. 노동자는 단지 일시적인 사용권만을 구매자인 자본가에게 넘겨 주는 것이다.

둘째, 노동자가 생존을 위해 처분할 수 있는 것이 자신의 노동력 이외에는 없어야 한다. 누구든지 생존을 위해서는 물건을 생산해서 팔아야 하는데, 노동자는 생산 수단(토지, 원료, 기계 등)이 없기 때문에 물건을 생산할 수 없다. 구두를 생산하려면 가죽이나 재봉틀과 같은 생산 수단이 필요하다. 그런데 노동자는 그러한 생산 수단을 갖고 있지 않기 때문에 구두를 생산할 수 없다. 따라서 노동자는 생존을 위해 자신이 가진 노동력을 상품으로 판매하고 임금을 받아야 한다.

이처럼 화폐가 자본으로 바뀌어 잉여 가치를 만들어 내기 위해서는 자본가가 시장에서 '자유로운' 노동자를 발견해야 한다. 여기서 '자유롭다'는 것은 앞에서 말했던 것처럼 이중의 의미를 지닌다. 노동자는 신분 구속으로부터 해방된 자유인으로서 자신의 노동력을 자유롭게 처분할 수 있다. 또한 노동자는 생산 수단을 갖고 있지 않다는 의미에서 생산 수단으로부터 자유롭다고 할 수 있다.

노동력을 구매하려는 자본가와 노동력을 판매하려는 노동자는 시장에서 서로 만난다. 자본가는 기계나 원료와 같은 생산 수단을 갖고 있으며, 반면에 노동자는 생산 수단을 갖고 있지 않고 단지 자신의 노동력만을 갖고 있다. 따라서 생산이 이루어지려면 자본가와 노동자가 시장에서 서로 만나야 한다. 이 둘이 만나면 생산에 필요한 요소인 생산 수단과 노동력이 갖추어진다. 이러한 자본가와 노동자의 관계는 어느 시대에나 항상 존재했던 사회 관계가 아니다. 그것은 역사의 산물로서 특정 시대나 특정 사회에만 존재하는 사회 관계다. 자본가와 노동자의 관계는 바로 근대 자본주의 사회의 산물이다.

　노동을 통해 만들어진 생산물이 상품이 되려면 일정한 역사적 조건이 필요하다. 노동 생산물이 상품이 되기 위해서는, 그것이 생산자 자신의 생활 수단이 아니라 다른 사람의 생활 수단을 위해 생산된 물건이어야 한다. 인류의 역사를 살펴보면, 대부분의 노동 생산물이 상품으로 거래되는 사회는 근대 자본주의 사회다. 물론 생산물의 대부분이 자급자족을 위해 생산되는 사회에서도 상품 생산이나 상품 유통이 부분적으로 이루어졌다. 그렇지만 상품 생산과 상품 유통이 경제 활동의 중심 형태로 자리 잡은 것은 자본주의 사회에서다.

　화폐도 일정한 사회 조건에서 발생한 역사적 산물이다. 우리가 화폐의 발생 과정에서 보았듯이, 화폐는 상품 유통이 어느 정도 발전된 단계에서 나타난다. 그러나 상품 유통이 덜 발전된 상태에서도 화폐는 나타날 수 있다. 그런데 자본은 그렇지 않다. 자본도 일정한 사회 조건에서 발생한 역사적 산물이지만, 그 조건은 화폐와 차이가 있다. 상품 유통과 화폐 유통이 활발하게 이루어진다고 해서 곧바로 자본이 형성되는 것은 아니다. 자본이 형성되기 위한 중요한 조건은 생산 수단을 가진 자본가와 자신의 노동력을 판매하려는 노동자가 존재해야 한다는 것이다. 그래서 이러한 조건이 갖추어진 근대에 들어와서야 자본이 역사에 등장하게 되었다.

이제 이 노동력이라는 독특한 상품을 좀 더 자세하게 살펴보자. 노동력이라는 상품의 가치는 어떻게 결정되는가? 자본주의 사회에서 노동자는 자신의 노동력을 하나의 상품으로 판매하는데, 이때 노동력의 가치는 다른 모든 상품의 가치와 똑같은 방식으로 계산된다. 일반적으로 상품의 가치는 그 상품을 생산하기 위해 필요한 노동 시간에 의해 결정된다. 이와 마찬가지로 노동력의 가치도 그 노동력을 생산하는 데 필요한 노동 시간에 의해 결정된다. 노동력은 오직 살아 있는 개인의 능력으로만 존재한다. 그러므로 노동력을 생산하기 위해서는 노동자가 살아갈 수 있어야 한다. 따라서 노동력의 생산이란 노동자의 재생산, 즉 그의 생활 유지다. 생활 유지를 위해서는 일정한 생활 수단이 필요하다. 그러므로 노동력의 생산에 필요한 노동 시간은 생활 수단의 생산에 필요한 노동 시간에 의해 결정된다. 결국 노동력의 가치는 노동자의 생활을 유지하는 데 필요한 '생활 수단의 가치'에 의해 결정된다.

인간은 노동 과정에서 자신의 노동력을 사용하는데, 이때 자신의 근육과 신경, 뇌 등을 사용한다. 즉, 자신의 육체적·정신적 힘을 사용한다. 노동력의 소유자는 오늘뿐만 아니라 내일도 똑같은 힘과 건강을 지니고 동일한 노동을 반복할 수 있어야 한다. 또한 다음 세대에도 지속해서 노동력을 제공하려면 자녀를 낳아 키워야 한다. 그리고 개별 노동에서 요구되는 특수한 기능을 익히기 위해서는 일정한 훈련이나 교육도 필요하다. 따라서 노동력을 생산하는 데 필요한 생활 수단의 양은 노동자가 육체적·정신적으로 정상 생활을 유지할 수 있을 만큼 충분해야 한다. 의식주와 같은 자연적 욕구는 그 나라의 자연 환경에 따라 서로 다르다. 또한 필수 욕구도 역사적 산물이기 때문에 그 시대의 문화 수준에 따라 서로 다르다. 그러므로 노동력의 가치는 그 나라의 자연 환경뿐만 아니라 역사와 문화에 따라 차이가 있다. 그렇지만 특정한 시대에 한 나라의 노동자들에게 필요한 생활 수단의 평균 수준은 일정한 편이다.

4 잉여 가치의 원천은 어디인가?

surplus value

자본가에게 착취당하는 노동자

자본가는 인격화된 자본으로서 끊임없이 더 많은 잉여 가치를 얻으려고 한다. 그런데 잉여 가치는 노동자의 노동력이라는 특수한 상품을 통해 만들어진다. 따라서 자본가는 노동자의 건강이나 수명보다도 잉여 가치의 양을 늘리는 데에만 관심을 갖는다.(존 리치, 값싼 옷감을 만들기 위해 혹사당하는 노동자, *Punch*, 1845)

4. 잉여 가치의 원천은 어디인가?

. . . .

앞에서는 상품이 화폐로, 화폐가 자본으로 전환하는 과정을 설명했는데, 제4장에서는 이러한 자본이 잉여 가치를 어떻게 만들어 내는지를 분석한다. 잉여 가치의 원천에 대한 분석은 《자본론》에서 가장 중요한 내용이며, 노동 착취를 설명하는 근거가 된다.

노동은 인간과 자연 사이에 이루어지는 상호 작용의 과정이며, 자신이 계획한 목적을 의식적으로 실현하기 위한 합목적적 활동이다. 노동은 살아가는 데 필요한 보편적인 활동이지만, 노동의 구체적인 방식은 사회에 따라 다르다. 자본주의 사회에서는 자본가가 노동자를 고용하는 방식으로 생산 활동이 이루어진다. 노동자는 생계를 유지하기 위해서 자신의 노동력을 상품으로 판매하며, 그 대가로 임금을 받는다. 그런데 노동력은 특수한 상품으로서 자신의 가치를 넘어서는 잉여 가치를 만들어 낸다. 노동력이 잉여 가치의 원천인 것이다. 생산 과정에서 생산 수단과 같은 불변 자본은 자신의 가치를 생산물에 그대로 옮기는 데 그치지만, 노동력과 같은 가변 자본은 자신의 가치를 넘어서는 잉여 가치를 만들어 낸다. 그리고 이렇게 가변 자본이 잉여 가치를 생산한 비율을 잉여 가치율이라고 한다. 이에 비해 불변 자본과 가변 자본을 합한 총 투자 자본이 잉여 가치를 생산한 비율을 이윤율이라고 한다. 잉여 가치율과 이윤율 가운데 노동력에 대한 자본의 착취도를 제대로 보여 주는 것은 잉여 가치율이다.

노동 과정

노동력의 사용이 바로 노동이다. 노동력이 자연을 가공할 수 있는 잠재적 능력이라면, 노동은 이런 잠재적 능력을 발휘하여 자연을 실제로 가공하는 활동이다. 노동의 형태는 사회에 따라 다양하지만, 어느 사회에서나 인간은 생존을 위해 노동을 해야 한다는 점에서 노동은 보편적 성격과 의미를 지닌다.

노동은 인간과 자연 사이에서 이루어지는 상호 작용의 과정이다. 인간은 노동을 통해 자연에 영향을 주고, 또한 자연으로부터 영향을 받는다. 이 과정에서 인간은 자신의 신체를 통해 이러한 상호 작용을 조절하고 통제한다. 인간은 자연 자원을 자신의 생활에 적합한 형태로 얻기 위해서 자기 신체의 일부인 팔과 다리, 머리와 손을 움직인다. 그는 이러한 운동을 통해 외부 자연에 영향을 줌으로써 그 자연을 변화시킨다. 다시 말해 인간은 노동을 통해 자연을 가공하고 변형시킨다. 그리고 노동을 통해 가공된 자연을 보면서 자신의 능력을 확인하고, 이러한 노동 과정을 통해 자신의 잠재력을 더욱 개발한다. 인간은 노동을 통해 외부 자연을 변형시킬 뿐만 아니라 자기 자신도 변형시킨다. 이처럼 노동은 인간과 자연 사이에서 이루어지는 상호 작용의 활동이다.

우리가 여기서 다루는 노동은 인류 초기의 동물적 노동이나 본능적 노동이 아니라, 나중에 그 형태가 상당히 발달한 인간의 노동이다. 이러한 발달된 형태의 노동은 오직 인간에게서만 볼 수 있다. 거미는 천을 잘 짜는 직포공처럼 아주 능숙하게 거미집을 짓는다. 꿀벌은 훌륭한 건축가처럼 아주 정교하게 집을 지어 건축가를 부끄럽게 만들기도 한다. 그러나 동물의 노동과 인간의 노동에는 차이점이 있다. 가장 서투른 건축가라 할지라도 인간은 집을 짓기 전에 자신의 머릿속에 그 집을 미리 떠올려 보지만, 꿀벌은 그렇지 않다. 꿀벌은 본능적으로 집을 지을 뿐이다. 인간은 자신이 만들 물건을 미리 계획하기 때문에, 노동의 결과로 만들어진 물건은 이미 자신의 머릿속에 존재하던 것이다. 이 때문에 서투른 건축가라도 꿀벌보다 더 훌륭하다고 말하는 것이다.

이처럼 노동자는 단지 자연물의 형태를 변화시키는 데 그치지 않고, 여기서 더 나아가 자신의 목적을 그 자연물 속에 실현시킨다.

그래서 노동을 '합목적적(合目的的) 활동', 즉 목적에 맞는 활동이라고 한다. 노동은 자신이 계획한 목적을 실현하기 위한 의식적 활동이다. 따라서 노동자는 노동 과정에서 그 목적을 실현하려는 의지를 갖고서 자신의 신체 기관을 계속 긴장시켜야 한다. 이러한 노동의 합목적성 때문에 인간은 복잡하고 세밀한 물건을 만들 수 있으며, 또한 기존의 생산 방식에서 벗어나 좀 더 발전된 생산 방식을 도입할 수 있다.

노동 과정에 필요한 기본 요소는 (1) 인간의 합목적적 활동인 노동, (2) 노동 대상, (3) 노동 수단이다. 노동이 실제로 이루어지기 위해서는 이와 같은 세 가지 요소가 필요하다.

노동 대상이란 노동이 가해지는 대상, 즉 노동을 통해서 가공되거나 변형되는 대상이다. 아주 오래전부터 인간을 위해 식량이나 다른 생계 수단을 제공해 준 토지(경제학의 관점에서는 물도 여기에 포함된다)가 가장 대표적인 노동 대상이다. 토지나 물은 자연으로부터 주어진 것으로서 '천연 노동 대상'이다. 그것은 인간 노동을 통해 가공된 것이 아니라 원래부터 자연에 존재하던 것들이다. 예를 들면 물에서 잡은 물고기, 원시림에서 벌목한 원목, 광산에서 채취한 광석은 원래부터 자연에 그대로 있던 물건이며, 단지 자연으로부터 분리한 것에 불과하다. 반면에 과거의 노동을 통해서 인간 노동이 노동 대상에 이미 스며들어가 있는 것을 우리는 '원료'라고 부른다. 광산에서 바로 채굴

한 광석은 천연 노동 대상이지만, 그 광석을 물에 씻어 흙이나 다른 불순물을 제거하는 과정을 거쳤다면 그것은 인간 노동을 통해 변형된 것이므로 원료, 즉 '가공된 노동 대상'이 된다.

노동 수단이란 노동자가 자신과 노동 대상을 연결시켜 작업을 효과적으로 하기 위해 이용하는 물건이다. 이러한 노동 수단에는 돌, 칼, 망치와 같은 단순한 도구부터 기계와 같은 복잡한 도구까지 모두 포함된다. 인간은 노동 수단을 사용하여 자신의 힘을 노동 대상에 전달할 뿐만 아니라 노동 수단의 힘을 활용하여 효율적으로 일을 처리한다.

처음 인류는 돌과 같은 자연 도구를 사용했다. 그래서 원시인들이 살았던 동굴에서 돌로 만든 도구와 무기가 발견되기도 한다. 인류의 역사가 처음 시작되었을 때는 가공된 돌이나 나무, 뼈 이외에도 길들여진 동물이 노동 수단으로 중요한 역할을 했다. 그러다가 노동 방식이 점차 발전하면서 특별히 가공한 도구가 사용되기 시작했다. 인간을 동물로부터 구분해 주는 가장 중요한 특징 가운데 하나는 인간이 도구를 제작하여 사용한다는 점이다. 그래서 프랭클린은 인간을 '도구를 제작하는 동물'이라고 했다.

노동 수단은 그 사회의 발전 수준을 판단하는 중요한 기준이 된다. 지구에서 멸종한 동물을 탐구할 때 화석 유골이 중요한 역할을 하듯이, 멸망한 고대 사회를 탐구할 때 그 당시에 사용된 노동 수단이 유물로서 매우 중요한 역할을 한다. 시대에 따라 경제 발전 단계를 구분하는 중요한 기준이 되는 것은, 무엇을 생산했는지가 아니라 어떤 노동 수단을 사용하여 어떻게 생산했는지다. 노동 수단은 노동력의 발전 수준을 보여 주는 척도일 뿐만 아니라 그 사회에서 사람들이 맺고 있는 사회 관계를 보여 주는 지표이기도 하다.[1]

노동 과정에서 인간의 활동은 노동 수단을 통해 노동 대상을 자신의 의도에 맞게 변화시킨다. 노동은 노동 수단을 이용하여 노동 대상을 인간의 욕구에 맞게 변형시키는 활동이다. 노동 과정이 끝나면 노동은 노동 생산물과 결합되어 하나가 된다. 이것을 '노동의 대상화'라고 한다. 인간의 육체 속에 존재하던 힘이 노동 과정을 거치면서 대상 속으로 들어가 고정된 형태가 되는 것이다.

이처럼 생산이 이루어지기 위해서는 인간의 노동, 이러한 노동이 가해지는 노동 대상, 노동과 노동 대상을 중간에서 연결시켜 주는 노동 수단이 필요하다. 그 가운데 노동 대상과 노동 수단을 합쳐서 '생산 수단'이라고 부른다.

광업, 수렵, 어업과 같이 노동 대상이 천연적으로 주어진 채취 산업을 제외하면, 모든 산업 부문은 이미 노동을 통해 가공된 원료를

---

1) 손을 사용하는 절구는 중세 봉건제 사회를 탄생시켰으며, 증기 제분기는 근대 자본주의 사회를 탄생시켰다. 이처럼 어떤 노동 수단을 사용하는지는 그 사회의 발전 단계를 규정하는 데 매우 중요한 기준이 된다.

사용한다. 예를 들면 농업에 사용되는 종자가 그렇다. 농작물의 현재 모습은 작년에 수확한 곡식을 종자로 사용한 결과다. 그리고 작년의 곡식은 그 이전의 곡식을 종자로 사용한 결과다. 이렇게 자연의 산물이라 여겨지는 식물과 동물도 사실은 인간이 여러 세대에 걸쳐 노동을 통해 조금씩 변화시켜 온 결과물이다. 대부분의 노동 수단도 과거 오랜 기간 동안 이어져 온 노동의 흔적을 보여 준다. 노동 수단은 인류가 오랫동안 노동을 통해 발전시켜 온 역사의 산물이다.

자본주의적 노동 방식

위에서 살펴보았듯이 노동 과정은 사용 가치를 생산하기 위한 합목적적 활동이며, 인간의 욕망을 충족시키기 위해 자연에 존재하는 것을 이용하는 활동이다. 또한 노동 과정은 인간과 자연 사이의 상호 작용을 위한 일반적 조건이며, 인간의 삶을 위한 영원한 자연적 조건이다. 따라서 노동 과정은 어떠한 사회 형태에서나 존재하는 인간 삶의 보편적 조건이다. 노동 과정의 한편에는 인간과 그의 노동이 있고, 다른 한편에는 자연과 그 소재가 있다. 밀가루로 만든 죽맛을 보고 누가 그 밀을 경작했는지 알 수 없듯이, 노동 과정의 이런 두 측면만 보면 그 노동이 어떤 조건에서 행해졌는지 알 수 없다. 그 밀이 주인의 잔인한 채찍 아래서 노예의 노동을 통해 생산된 것인지, 아니면 자본가의 통제 아래서 노동자의 노동을 통해 생산된 것인지, 또는 농민이 자신의 토지에서 직접 생산한 것인지 알 수가 없다는 말이다.

그렇지만 노동이 이루어지는 구체적 방식은 사회에 따라 차이가 있다.[2] 여기서는 자본주의 사회의 노동 방식에 대해서 살펴보자. 자본가는 시장에서 노동 과정에 필요한 요소인 생산 수단과 노동력을 구입한다. 그다음에 자기가 구입한 것을 사용하기 시작한다. 즉, 노동자로 하여금 노동을 통해 생산 수단을 사용하도록 한다. 물론 이 과정에서 노동의 일반적 성격은 그대로 유지된다. 자본주의 사회에서 인간이 노동을 통해 실을 뽑거나 신발을 만드는 노동 방식은 일반적인 것으로서 다른 사회와 별로 차이가 없다. 그러나 구체적인 노동 방식에서는 다른 사회와 차이점을 갖는다.

첫째, 노동자는 자신을 고용한 자본가의 감독과 통제를 받으면서 노동을 한다. 자본가는 노동이 질서정연하게 수행되고 생산 수단이 합리적으로 사용되도록 통제한다. 또한 원료가 낭비되거나 노동 수단이 함부로 취급되지 않도록 감시한다.

둘째, 노동 생산물은 자본가의 소유물이 되며, 직접 생산자인 노동

---

2) 예를 들어 노예제 사회와 봉건제 사회, 자본주의 사회에서 이루어지는 노동의 구체적 방식에는 차이가 있다. 노예제 사회에서 주인은 자신의 소유물인 노예를 강제로 일하도록 하고, 봉건제 사회에서 영주는 농노를 신분으로 억압하여 일을 시키며, 자본주의 사회에서 자본가는 임금 노동자를 고용하여 일을 시킨다.

자의 소유물이 되지 않는다. 자본가는 임금을 주고 노동력을 구매한 다음에 그것을 생산 수단과 결합하여 물건을 생산한다. 자본가의 입장에서 볼 때 노동 과정이란 자신이 구매한 노동력과 생산 수단이라는 두 요소를 결합하여 상품을 생산하는 활동이다. 그러므로 자본가의 포도주 창고에서 발효 과정을 거쳐 나온 생산물이 그의 소유물이 되는 것처럼, 이 노동 과정의 생산물도 그의 소유물이 된다.

잉여 가치의 원천

자본가의 목적은 다음 두 가지다. 첫째, 그는 교환 가치를 지닌 사용 가치, 즉 다른 사람에게 판매할 수 있는 물건인 상품을 생산하려고 한다. 둘째, 그는 생산에 사용된 가치 총액, 즉 생산 수단과 노동력의 가치 총액보다 가치가 더 큰 상품을 생산하려고 한다. 그는 사용 가치를 지닌 물건뿐만 아니라 가치를 지닌 상품을 생산하려고 하며, 가치뿐만 아니라 잉여 가치도 생산하려고 한다. 따라서 상품의 생산 과정은 노동 과정일 뿐만 아니라 잉여 가치의 생산 과정이기도 하다. 그렇다면 생산 과정에서 잉여 가치는 어떻게 만들어지는가?

생산 수단으로 사용되는 일반 상품은 생산 과정을 거치면서 그 형태만 바뀔 뿐 가치의 양에서는 변화가 없다. 반면에 노동력은 특수한 상품으로, 생산 과정에 들어간 '노동력의 가치'와 생산 과정에서 만들어진 '노동력이 창조한 가치' 사이에 차이가 있다. 생산 과정에 들어간 노동력은 자신의 가치보다 더 큰 가치를 만들어 낸다. 자본가는 노동력을 구매할 때 이러한 점을 이미 염두에 두고 있다. 자본가에게 중요한 것은 노동력이 가치의 원천일 뿐만 아니라 자신이 갖고 있는 가치보다 더 많은 가치를 만드는 원천이라는 점이다. 그래서 자본가는 노동력이 만들어 낼 잉여 가치를 기대하면서 임금을 주고 노동자를 고용하는 것이다.

노동자는 임금을 받고 자본가에게 노동력을 판매했기 때문에, 노동력을 사용할 수 있는 권리는 자본가에게 있다. 자본가는 노동력의 가치에 해당되는 임금을 노동자에게 주었기 때문에 그 노동력을 사용할 수 있는 권리를 갖는다. 자본가가 하루 동안 노동력을 사용할 수 있는 권리를 3원에 구매하고, 노동자가 자신의 하루 임금에 해당되는 3원의 가치를 생산하는 데 6시간이 걸린다고 가정하자. 그런데 자본가는 하루 동안 노동력을 사용할 수 있는 권리를 갖기 때문에 12시간 동안 노동자에게 일을 시켜서 6원의 가치를 생산하도록 한다. 이 과정에서 노동력은 자신의 가치인 3원보다 더 많은 6원의 가치를 생산하므로, 결과적으로 3원의 잉여 가치를 만들어 낸 것이 된다. 잉여 가치는 오직 노동량의 초과에 의해서만, 즉 노동 시간의 연장에 의해서만 발생한다.

이처럼 특수한 상품인 노동력은 생산 과정에서 자신의 가치를 넘어서는 잉여 가치를 만들어 낸다. 노동력이야말로 잉여 가치의 원천인 것이다. 상품의 가치를 늘리는 가치 증식 과정은, 노동력이 새로운 잉여 가치를 만들어 내는 가치 창조 과정에 다름 아니다. 노동력과 그것이 실제로 발휘된 노동은 잉여 가치를 생산하는 원천이며, 따라서 모든 가치의 원천이자 모든 사회적 부의 원천이다.[3]

불변 자본과 가변 자본

생산 과정의 여러 요소들은 각각 다른 방식으로 생산물의 가치를 형성하는 과정에 참여한다. 노동자는 노동 대상에 일정한 양의 노동을 집어넣음으로써 노동력의 가치와 더불어 이를 넘어서는 새로운 잉여 가치를 생산한다. 이에 비해 생산 과정에서 사용되는 생산 수단의 가치는 그대로 보존되어 생산물의 가치를 구성한다. 예를 들면 실을 생산하는 데 사용되는 생산 수단인 면화와 방적기의 가치는 실의 가치에 그대로 옮겨가 보존된다. 면화의 경우에는 사용되는 양만큼 그 가치 전체가 실로 옮겨가며, 방적기의 경우에는 조금씩 마모되는 양만큼 그 가치가 부분적으로 실로 옮겨간다.

노동력은 자신의 가치를 생산물에 옮기는 데 6시간이면 충분하지

---

3) 이렇게 노동력과 그것이 실제로 발휘된 노동을 잉여 가치의 원천이자 나아가 모든 가치의 원천으로 보는 입장을 '노동가치설'이라고 한다.

만, 노동 시간은 6시간에서 끝나지 않고 12시간 동안 계속 이어진다. 따라서 노동력은 자신의 가치를 재생산할 뿐만 아니라 이를 넘어서는 잉여 가치를 생산한다. 잉여 가치는 노동을 통해 만들어진 생산물의 가치로부터 그 생산물을 만드는 데 들어간 여러 요소들(생산 수단과 노동력)의 가치를 뺀 것과 같다.

잉여 가치를 얻기 위해 생산에 필요한 여러 요소들을 구입하는 데 사용된 화폐를 자본이라고 한다. 그런데 이러한 자본 가운데 원료나 기계와 같은 생산 수단을 구입하는 데 사용된 자본은 생산 과정에서 새로운 잉여 가치를 만들지 않는다. 다시 말해 그 가치가 그대로 생산물 속으로 옮겨가 보존될 뿐이기 때문에 그 가치의 양에서는 변화가 없다. 이렇게 생산 과정에서 그 가치의 양이 변하지 않는 자본을 '불변 자본(不變資本)'이라고 부른다. 이에 비해 노동력을 구입하는 데 사용된 자본은 생산 과정에서 그 가치가 변한다. 노동력은 원래 자신이 지녔던 가치를 생산물로 옮길 뿐만 아니라 그 이상의 새로운 잉여 가치를 만들어 낸다. 이처럼 생산 과정에서 그 가치의 양이 변하는 자본을 '가변 자본(可變資本)'이라고 부른다. 노동 과정이라는 측면에서 본다면, 노동의 주요 요소는 생산 수단과 노동력이다. 그런데 이것을 가치 증식 과정이라는 측면에서 본다면, 이렇게 불변 자본과 가변 자본으로 나눌 수 있다.

잉여 가치율

생산 과정에 들어간 자본(Capital) C는 두 부분, 즉 생산 수단을 구입하는 데 들어간 불변 자본(constant capital) c와 노동력을 구입하는 데 들어간 가변 자본(variable capital) v로 구성된다. 따라서 다음과 같은 등식이 성립한다.

C (처음에 들어간 자본) ＝ c (불변 자본) ＋ v (가변 자본)

예를 들면 처음에 들어간 자본이 모두 500원인데, 그 가운데 410원이 원료나 기계와 같은 생산 수단을 구입한 비용이고, 90원이 노동력을 구입한 비용이라면 다음과 같은 등식이 성립한다.

500원(C) ＝ 410원 (c) ＋ 90원 (v)

일정한 생산 과정을 거치면 새로운 상품이 만들어지는데, 그 상품에는 잉여 가치(surplus values) s가 추가되어 있기 때문에 그 상품의 가치량은 다음과 같이 구성된다.

C' (생산된 상품의 가치) ＝ c (불변 자본) ＋ v (가변 자본) ＋ s (잉여 가치)

예를 들어 추가된 잉여 가치가 90원이라면 새로운 상품의 총가치는 590원이 되므로 다음과 같은 등식이 성립한다.

590원 (C') = 410원 (c) + 90원 (v) + 90원 (s)

처음에 들어간 자본이 500원(c+v)이라면, 나중에 생산된 상품의 가치는 여기에 잉여 가치가 더해져 590원(c+v+s)이 된다. 잉여 가치는 노동력이 자신의 가치를 넘어서서 만들어 낸 것이기 때문에, 잉여 가치(s)는 노동력 구입에 들어간 가변 자본(v)의 증가분(Δv)이라고 할 수 있다. 따라서 v+s=v+Δv가 된다. 여기서 가변 자본의 가치 증식 비율, 즉 가변 자본이 잉여 가치를 생산하는 상대적 비율을 '잉여 가치율'이라고 부른다.

잉여 가치율 = s (잉여 가치) / v (가변 자본)

잉여 가치율은 노동력의 구입에 사용된 가변 자본이 얼마만큼의 잉여 가치를 만들어 냈는지를 비율로 나타낸 것이다. 이 경우에는 잉여 가치가 90원이고 가변 자본도 90원이기 때문에 잉여 가치율은 100%가 된다.

90원 (s) / 90원 (v) = 100%

이제 이러한 잉여 가치율을 '필요 노동'과 '잉여 노동'의 구성 비율을 중심으로 살펴보자. 노동력의 가치는 노동력을 재생산하는 데 필요한 노동 시간에 의해 결정된다. 즉, 노동자가 생계를 유지하기 위해 생활필수품을 마련하고, 교육을 받거나 기술을 배우는 데 들어가는 노동 시간에 의해 결정된다. 만약 노동력을 유지하기 위해 필요한 시간이 하루 6시간이라면, 노동자는 6시간 동안 노동력의 가치에 해당되는 생산물을 생산한다. 이것은 노동자가 받는 임금에 해당되는 노동 시간이다. 노동 시간 가운데 이렇게 노동력의 재생산을 위해 사용되는 부분을 '필요 노동 시간'이라고 부르며, 이때 수행되는 노동을 필요 노동이라고 한다. 필요 노동은 노동자가 자신의 육체적·정신적 능력을 유지하고 재생산하는 데 필요한 노동이다. 이것은 사회 형태와는 상관없이 어느 사회에서나 필요한 노동이다.

다른 한편으로 노동자는 6시간의 필요 노동을 넘어서서 추가 노동을 한다. 이 노동은 노동자 자신에게는 아무런 이익도 가져다 주지 않으며, 자본가에게만 이익을 준다. 그것이 바로 잉여 가치다. 이렇게 노동 시간 가운데 잉여 가치를 만들어 내는 부분을 '잉여 노동 시간'이라고 부르며, 이때 수행되는 노동을 잉여 노동이라고 한다. 하루 12시간의 노동을 했을 때 그 가운데 6시간의 노동이 필요 노동이라고 한다면, 그 나머지 6시간의 노동은 잉여 노동이다.

생산물의 가치를 올바르게 인식하기 위해 가치를 노동 시간의 응고로, 즉 대상화된 노동으로 파악하는 것이 중요하듯이, 잉여 가치를 정확하게 이해하기 위해서는 그것을 잉여 노동 시간의 응고로, 즉 대상화된 잉여 노동으로 파악하는 것이 중요하다. 여러 사회 형태들 사이의 차이, 예를 들어 노예 노동에 근거한 노예제 사회와 임금 노동에 근거한 자본주의 사회 사이의 차이는 이러한 잉여 노동을 착취하는 방식에 있다.[4]

앞에서 말했듯이 상품의 가치를 형성하는 자본의 구성 비율이라는 관점에서 볼 때, 잉여 가치율=s/v이다. 여기서 가변 자본의 가치는 결국 노동력의 가치와 같고, 노동력의 가치는 필요 노동 시간에 만들어진 가치와 같기 때문에, 가변 자본 대신에 필요 노동을 넣을 수 있다. 그리고 잉여 가치는 잉여 노동 시간에 만들어진 가치이기 때문에, 잉여 가치 대신에 잉여 노동을 넣을 수 있다. 따라서 노동 시간의 구성 비율이라는 관점에서 볼 때 잉여 가치율은 다음과 같다.

잉여 가치율＝s/v＝잉여 노동／필요 노동

하루 12시간의 노동 가운데 6시간이 필요 노동이고, 나머지 6시간이 잉여 노동이라고 한다면, 이 경우에 잉여 가치율은 6시간/6시간=100%가 된다. 이처럼 잉여 가치율은 상품에 들어간 '자본의 구성 비율'이라는 관점에서 볼 수도 있고, 또는 상품에 들어간 '노동의 구성 비율'이라는 관점에서 볼 수도 있다.

---

4) 고대 노예제 사회는 신분 구속과 강제 노동을 바탕으로 노예의 잉여 가치를 착취했으며, 근대 자본주의 사회는 신분의 자유와 임금 노동을 바탕으로 노동자의 잉여 가치를 착취한다.

그러므로 잉여 가치율은 자본에 의한 노동력의 '착취도(搾取度)', 또는 자본가에 의한 노동자의 착취도를 정확하게 표현한다. 잉여 가치의 원천은 노동자의 노동력인데, 자본가가 그 잉여 가치를 가져간다면 이는 착취가 된다. 따라서 잉여 가치율은 이러한 착취의 정도나 수준을 보여 주는 착취도가 된다. 잉여 가치율은 노동력의 착취도를 정확하게 표현하기는 하지만, 결코 착취의 절대량을 표현하는 것은 아니다. 예를 들어 필요 노동이 5시간이고 잉여 노동이 5시간이라면, 착취도는 5시간/5시간=100%이다. 이 경우에 착취량은 5시간이다. 만약 필요 노동이 6시간이고 잉여 노동이 6시간이라면, 착취도는 6시간/6시간=100%로 앞의 경우와 같지만, 착취량은 6시간으로 20% 증가한다.

우리는 이러한 잉여 가치율을 '이윤율'과 혼동해서는 안 되며, 이두 가지를 분명하게 구분해야 한다. 잉여 가치율은 가변 자본이 잉여가치를 만들어 낸 비율이다. 다시 말해 노동력이 어느 정도의 잉여가치를 만들어 냈는지를 비율로 보여 준 것이다. 그래서 잉여 가치율 =s/v이다. 이에 비해 이윤율은 불변 자본과 가변 자본을 합한 총 투자 자본이 잉여 가치를 만들어 낸 비율이다. 다시 말해 생산 과정에 들어간 총자본이 어느 정도의 잉여 가치를 만들어 냈는지를 비율로 보여 준 것이다. 그래서 이윤율=s(잉여 가치)/(c(불변 자본)+v(가변 자본))이다.

어떤 생산물의 가치가 590원(C')=410원(c)+90원(v)+90원(s)이라고 가정하자. 이 경우에 이윤율=$s/(c+v)$=90원$/$(410원+90원)=18%이다. 반면에 잉여 가치율=s/v=90원$/$90원=100%이다. 자본가는 자신이 투자한 총자본이 어느 정도의 잉여 가치, 즉 이윤을 만들어 냈는지에 관심이 있기 때문에 이윤율을 중시한다. 그러나 불변 자본은 잉여 가치를 만들지 않고, 가변 자본에 해당되는 노동력만이 잉여 가치를 만들기 때문에 이윤율은 노동에 대한 착취도를 정확하게 나타내지 못한다. 앞의 경우에 이윤율은 18%이고 잉여 가치율은 100%인데, 여기서 볼 수 있듯이 이윤율은 잉여 가치율에 비해 낮게 나타난다. 노동력에서 잉여 가치가 생산되기 때문에, 노동에 대한 착취도를 정확하게 보여 주는 것은 잉여 가치율=잉여 가치/가변 자본=잉여 노동/필요 노동이다. 잉여 가치율이 100%라는 것은, 노동자가 절반의 노동 시간에는 자신의 노동력을 재생산하기 위해 일을 하고, 나머지 절반의 노동 시간에는 자본가에게 잉여 가치를 생산해 주기 위해 일을 한다는 것을 의미한다.

5 절대적 잉여 가치의 생산 과정

absolute
surplus value

표준 노동 시간 제정을 위한 노동자들의 투쟁

노동 시간을 최대한 늘려 잉여 가치율을 높이려는 자본가들의 시도는 노동자들의 저항을 불러일으켰다. 노동자들은 불법 행위도 서슴지 않으며 노동 시간을 늘리려는 자본가에게 맞서 표준 노동 시간 제정을 위해 장기간에 걸친 투쟁을 벌였다.

5. 절대적 잉여 가치의 생산 과정

• • • •

마르크스는 제4장에서 잉여 가치의 원천이 인간의 노동력이라는 점을 밝혔는데, 제5장에서는 잉여 가치를 더 많이 얻기 위해서 자본가가 어떤 방법을 이용하는지 구체적으로 분석한다. 자본가는 더 많은 잉여 가치를 얻기 위해 노동 시간을 연장하려고 하는데, 이렇게 노동 시간의 연장을 통해서 만들어진 잉여 가치를 절대적 잉여 가치라고 한다. 그리고 노동 생산성을 높임으로써 필요 노동 시간을 줄이고 잉여 노동 시간을 상대적으로 늘려서 잉여 가치를 얻을 수 있는데, 이를 상대적 잉여 가치라고 한다. 먼저 이 장에서는 절대적 잉여 가치의 생산 과정에 대해 다루고, 다음 장에서 상대적 잉여 가치의 생산 과정에 대해 다룰 것이다.

상품 생산이 보편화된 자본주의 사회에서는 노동 시간을 연장하려는 자본가들의 열망이 매우 강하다. 그래서 노동 시간을 둘러싸고 자본가와 노동자 사이에 계급 대립과 갈등이 발생한다. 노동자들의 거센 저항과 노동력의 고갈 위험 때문에 영국 정부는 공장법을 제정하여 노동 시간의 한계를 법으로 규정한다. 그렇지만 공장주들은 노동 시간을 늘리기 위해 노동자의 휴식 시간과 식사 시간을 줄이는 등 다양한 불법 수단을 사용한다. 특히 소규모 공장에서는 장시간 노동과 열악한 작업 환경 때문에 노동 착취의 정도가 더욱 심하다. 자본가들은 생산 시설을 계속 가동하기 위해서 주야간 교대제를 도입하며, 이로 말미암아 노동자들의 노동 환경은 더욱 나빠진다. 노동자들은 잉여 가치를 만들어 내기 위한 수단으로 전락하며, 그 결과 노동 소외가 심화된다.

노동 시간의 구성

노동력의 가치는 다른 모든 상품의 가치와 마찬가지로 그것을 생산하는 데 들어가는 노동 시간에 의해 결정된다. 따라서 만약 노동자가 매일 평균적으로 소비하는 생활 수단을 생산하는 데 6시간이 걸린다면, 하루에 평균적으로 6시간을 일하면 된다. 그런데 그는 하루에 6시간만 일을 하는 것이 아니라 잉여 가치를 생산하기 위해 추가 시간 동안 더 일을 한다. 따라서 노동자의 하루 노동 시간은 필요 노동 시간과 잉여 노동 시간으로 구성된다.

어떤 사회에서 필요 노동 시간이 6시간인데, 이를 선분 A—B의 길이로 표시하기로 하자. 그리고 잉여 노동 시간은 1시간, 3시간, 6시간으로 세 가지 경우가 있는데, 이를 선분 B—C의 길이로 표시하기로 하자. 이런 경우에 노동자의 하루 노동 시간을 선분의 길이로 표시하면, 다음과 같이 세 가지 형태로 나타난다.

노동 시간 Ⅰ : A————————B—C　(6시간＋1시간＝7시간)
노동 시간 Ⅱ : A————————B————C　(6시간＋3시간＝9시간)
노동 시간 Ⅲ : A————————B————————C (6시간＋6시간＝12시간)

여기서 알 수 있듯이 노동 시간은 필요 노동 시간에 잉여 노동 시간을 더한 것으로, 이때 잉여 노동 시간의 길이에 따라서 하루 노동 시간이 달라진다. 필요 노동 시간은 노동자가 자신의 노동력을 재생산하는 데 필요한 노동 시간에 의해 결정되지만, 잉여 노동 시간은 경우에 따라 달라진다. 따라서 하루 노동 시간은 잉여 노동 시간의 길이에 따라 짧아질 수도 있고 길어질 수도 있다. 하루 노동 시간은 고정된 것이 아니라 유동적인 것이다.

하루 노동 시간이 유동적이기는 하지만, 여기에는 일정한 한계가 있다. 잉여 노동 시간을 표시하는 선분 B—C의 길이가 아주 짧아져 0이 된다면, 잉여 노동 시간은 0시간이기 때문에 전체 노동 시간은 필요 노동 시간과 같은 6시간이 된다. 이것은 노동자가 자신의 신체를 유지하기 위해 필요한 최소한의 노동 시간이기 때문에 더 이상 노동 시간을 줄일 수는 없다. 따라서 이것이 노동 시간의 최소 한계가 될 수 있다. 그렇지만 잉여 노동 시간이 0시간인 경우에는 자본가에게 잉여 가치, 즉 이윤이 생기지 않기 때문에 자본주의 사회에서 노동 시간은 항상 필요 노동 시간보다 더 길어야 한다.

그렇다고 잉여 가치를 더 많이 얻으려고 잉여 노동 시간을 표시하는 선분 B—C의 길이를 무한정 늘일 수는 없다. 노동 시간에는 최대 한계가 있는데, 이것은 두 가지에 의해 규정된다. 첫째, 노동력의 육체적 한계에 의해 규정된다. 인간은 하루 24시간 동안 일정한 양의 노동력만을 사용할 수 있다. 힘이 센 말도 날마다 일을 할 경우 하루 8시간 이상 일하기는 어렵다. 인간은 어느 정도 휴식을 취하고 잠을 자야 하며, 또한 식사를 하거나 세수와 목욕을 하거나 옷을 입는 등 육체의 기본 욕구를 채우기 위해 시간을 사용해야 한다. 둘째, 노동 시간의 최대 한계는 이러한 육체적 한계뿐만 아니라 정신적 한계에 의해서도 규정된다. 노동자는 지적·사회적 욕구를 채우기 위해 시간을 사용해야 한다. 이러한 정신적 욕구의 크기나 종류는 그 사회의 문화 수준에 의해 결정된다.

따라서 하루 노동 시간의 길이는 육체적·정신적 한계 안에서 변동한다. 그러나 그 한계는 매우 탄력이 있어서 변동의 폭이 상당히 큰 편이다. 예를 들어 하루 노동 시간은 8시간, 10시간, 12시간, 14시간, 16시간, 18시간 등 매우 다양해질 수 있다.

노동 시간을 둘러싼 자본가와 노동자의 대립

자본가는 노동자에게 임금을 주고 그 대신에 하루 동안 노동력을 마음대로 사용할 수 있는 권리를 얻는다. 자본가는 하루 동안 노동자에게 일을 시킬 수 있는 권리를 얻은 것이다. 그렇다면 자본가는 하루 동안 노동자에게 몇 시간의 노동을 시킬 것인가? 이에 대해 자본가는 독특한 입장을 갖고 있다. 자본가는 오직 인격화된 자본에 지나지 않는다. 자본가의 영혼은 자본의 영혼이다. 그런데 자본은 오직 하나의 충동만을 갖는다. 그것은 잉여 가치를 만들어 내서 자본의 가치를 늘리는 것이다. 자본은 노동자의 살아 있는 잉여 노동을 흡수하여 생산 수단의 가치를 늘리려고 한다.

자본은 죽은 노동인데, 이 죽은 노동은 흡혈귀처럼 노동자의 살아 있는 노동을 더 많이 흡수할수록 점점 더 활기를 띤다. 자본가는 더 많은 잉여 가치를 얻으려는 자본의 운동 논리에 따라 움직이는 그 대변자에 불과하다. 그래서 자본가는 더 많은 잉여 가치를 얻기 위해 노동자의 노동 시간을 최대한 늘리려는 강한 욕구를 갖는다. 노동 시간을 늘릴수록 잉여 노동 시간도 늘어나므로 자본가가 얻는 잉여 가치나 이윤의 양도 늘어난다. 이렇게 노동 시간의 연장을 통해 잉여 가치를 얻는 방식을 '절대적 잉여 가치'의 생산이라고 한다.

자본가는 노동 시간을 최대한 연장하여 더 많은 잉여 가치를 얻으려고 하지만, 이러한 자본가들의 시도에 반대하여 노동자들은 다음과 같이 저항의 목소리를 낸다.

"내가 당신에게 판매한 노동력은 잉여 가치를 창조한다는 점에서 다른 상품들과는 다르다. 당신이 임금을 주고 노동력을 구매한 이유도 거기에 있다. 당신에게는 자본의 가치 증식인 것이 나에게는 노동력의 초과 사용이 된다. 나는 임금을 받고 내 노동력을 팔았기 때문에 노동력의 사용권은 당신에게 있다. 그렇지만 당신은 지나치게 나의 노동력을 사용해서는 안 된다. 내가 생계를 꾸려가기 위해서는 오늘뿐만 아니라 내일도 정상적인 힘과 건강, 원기를 유지하면서 노동을 할 수 있어야 한다.

당신은 나에게 절약과 절제의 복음을 설교한다. 그것은 매우 좋은 이야기다! 나는 당신의 설교를 받아들여 나의 유일한 재산인 노동력을 아껴 쓰고, 그것을 어리석게 낭비하지 않으려고 한다. 나는 노동력의 정상적인 유지와 건전한 발달에 적합한 정도로만 매일 그것을 사용하려고 한다. 당신이 노동 시간을 최대한 늘린다면, 내가 사흘 걸려 회복할 수 있는 노동력보다 더 많은 양의 노동력을 하루 동안 소비하게 될 수도 있다. 그래서 당신이 거기서 이득을 얻는 것만큼 나는 신체 능력에서 손실을 입게 된다. 나의 노동력을 합리적으로 이용하는 것과 비합리적으로 빼앗는 것은 차이가 있다. 만약 내가 30년 동안 노동할 수 있는 능력을 가졌는데, 당신이 노동 시간을 연장하여 내가 10년밖에 노동을 할 수 없게 된다면, 당신은 내 노동력의 2/3를 빼앗아 간 셈이다. 즉, 당신은 나에게 1/3의 임금만 주고 2/3의 임금은 주지 않은 셈이다. 이것은 우리들의 계약에도 어긋나며 또한 상품 교환의 법칙에도 어긋난다.

그러므로 나는 정상적인 길이의 노동 시간을 요구한다. 더구나 나는 당신의 동정심에 호소하지 않고서 그것을 요구한다. 왜냐하면 상거래에서는 인정(人情)이란 있을 수 없기 때문이다. 당신은 모범 시민일지도 모르고, 동물학대방지협회의 회원일지도 모르며, 또는 성인(聖人)의 명성을 누리는 사람일지도 모른다. 그러나 당신이 나와의 관계에서 대변하는 자본은 가슴속에 심장을 갖고 있지 않다. 나는 '표준 노동 시간'을 요구한다. 왜냐하면 모든 상품 판매자들과 마찬가지로 나도 나의 상품인 노동력의 가치를 요구할 수 있기 때문이다."

자본가는 노동력의 구매자로서 가능한 한 노동 시간을 연장하려고 한다. 이에 비해 노동자는 노동력의 판매자로서 부당한 노동 시간을 줄이려고 한다. 그래서 노동 시간이 일정한 한계를 넘지 않도록 규정한 표준 노동 시간을 요구한다. 자본가는 구매자의 권리를 주장하고 노동자는 판매자의 권리를 주장하는 것이다. 그래서 자본가와 노동자 사이에 권리의 충돌이 발생한다. 이렇게 권리와 권리가 서로 맞설 때 그 해결책은 힘이다. 자본주의 사회에서는 노동 시간의 한계를 둘러싸고 총자본(자본가 계급)과 총노동(노동자 계급) 사이에 대립과 갈등이 발생하며, 이것은 계급투쟁으로 발전하기도 한다. 표준 노동 시간을 둘러싸고 두 계급 사이에 대립과 투쟁이 벌어지는 것이다.

지배 계급의 탐욕과 장시간 노동

역사를 보면 자본가가 잉여 노동을 처음으로 착취한 것은 아니다. 일부 사람들이 생산 수단을 독점한 계급 사회에서 노동자들은 언제나 자기 자신을 유지하는 데 필요한 노동 이외에도 지배 계급에게 필요한 생활 수단을 생산하기 위해 추가 노동을 해야 했다. 이러한 모습은 모든 계급 사회에서 나타난다. 생산 수단의 소유자가 아테네의 귀족이든, 로마의 시민이든, 노르망디의 영주든, 미국의 노예 소유주든, 현대의 자본가든 모두 마찬가지다.

그러나 한 가지 분명한 것은, 생산물의 교환 가치가 아니라 사용 가치가 지배하는 사회에서는 잉여 노동에 대한 욕구가 어느 정도 제한되기 때문에 욕망이 무제한 커지지는 않았다는 점이다. 생산물의 사용 가치가 지배했던 고대 사회를 살펴보자. 물론 여기서도 금과 같이 교환 가치를 지닌 화폐를 직접 얻으려는 금광에서는 지나친 노동이 무서울 정도로 강요되었다. 거기서는 죽도록 일을 시키는 강제 노동이 널리 행해졌다. 시쿨루스(D. Siculus, 고대 그리스의 역사학자)의 역사책에는 다음과 같은 내용이 들어 있다. "금광에서 일하면서 자기 몸을 깨끗이 씻을 수도, 벌거벗은 몸을 가릴 수도 없는 이 불행한 사람들을 보면 그들의 비참한 운명을 탄식하지 않을 수 없다. 그곳에서는 병자나 불구자, 노인, 연약한 여자를 가리지 않고 채찍으로 때리면서 죽을 때까지 강제 노동을 시켰다." 그러나 이러한 모습은 고대 사회에서 예외적인 것이었다.

아직도 노예 노동이나 부역 노동이 이루어지는 낮은 단계의 사회가 자본주의적 세계 시장의 소용돌이 속으로 이끌려 들어가면, 지나친 노동이 아주 심한 형태로 나타난다. 해외 판매를 위한 생산물을 더 많이 생산하기 위해서, 노예제나 농노제의 야만적인 잔학성이 지나친 노동이라는 문명화된 잔학성과 결합된다. 미국 남부에서 면화를 생산하던 흑인 노동은 면화 생산이 국내 수요를 목적으로 삼았던 시기에는 온건한 가부장제 성격을 띠었다. 그러나 그 목적이 해외 수출로 바뀌면서 농장주들은 더 많은 이윤을 남기기 위해 흑인에게 극심한 노동을 시켰는데, 심지어 흑인의 생명력을 7년 동안의 노동으로 모두 없애 버릴 정도로 아주 지나친 노동을 강요했다. 이제 노예 소유주들의 목표는, 흑인들로부터 어느 정도의 유용한 생산물을 뽑아내는 것이 아니라 잉여 가치 그 자체를 생산하는 것이 되었다.

잉여 노동에 대한 지배 계급의 갈망이 얼마나 강한지를 러시아의 봉건적 대지주와 영국의 공장주를 비교하면서 살펴보자. 러시아에서 대지주에게 종속된 농민들이 수행하는 노동은 자신의 생계를 유지하기 위한 필요 노동과 대지주를 위한 잉여 노동이 분명하게 구분된다. 농민은 자신의 경작지에서 필요 노동을 수행하고, 영주의 농장에서 잉여 노동을 수행하기 때문이다. 그러므로 노동 시간의 두 부분은 명확하게 나눠진다. 이에 비해 공장주에게 고용된 노동자들이 수행하는 노동은 필요 노동과 잉여 노동이 뒤섞여 있기 때문에 이 둘이 쉽게 구분되지 않는다.

그렇지만 잉여 노동의 형태가 농민처럼 부역 노동이든 노동자처럼 임금 노동이든지 간에, 잉여 노동은 대지주나 공장주에게만 이익을 가져다 주고 농민이나 노동자에게는 아무런 대가도 주지 않는 무상 노동이라는 점에서 공통점을 지닌다. 잉여 노동에 대한 갈망은 자본가의 경우에 노동 시간을 무제한 연장하려는 욕구로 나타나며, 봉건적 대지주의 경우에 훨씬 단순하게 부역 일수를 늘리려는 욕구로 나타난다.

1831년 러시아 장군 키셀료프(Kiselev)는 농노제를 폐지한다는 구실을 내세워, 부역 노동을 법으로 규정한 '구성법'을 제정했다. 농민들은 지주에게 일정한 양의 현물을 공납하는 것 이외에도 다음과 같은 부역 노동의 의무를 져야 했다. 12일의 일반 노동, 1일의 경작 노동, 1일의 목재 운반 노동인데, 이것을 합하면 1년에 14일 동안 부역 노동을 해야 한다. 그런데 여기서 1일의 노동이란 8시간 또는 12시간의 노동이 아니라, 아주 힘센 장사라도 24시간 안에 도저히 생산할 수 없는 양의 생산물을 생산해야 하는 노동량을 의미한다. 따라서 12일의 일반 노동은 36일의 육체 노동으로, 1일의 경작 노동은 3일의 경작 노동으로, 1일의 목재 운반 노동은 3일의 목재 운반 노동으로 이해해야 한다. 즉, 실제로는 42일의 부역 노동을 해야 하는 것이다. 이외에도 특별한 경우에 영주에게 바치는 노동 봉사도 있는데, 이것은 14일 정도다. 따라서 부역 노동은 총 56일에 달한다. 러시아에서 추운 계절이나 명절 등을 빼면 실제로 농사를 지을 수 있는 날은 140일 정도다. 140일 가운데 영주를 위한 부역 노동이 56일이고, 농민 자신을 위한 필요 노동이 84일이다. 그렇다면 필요 노동에 대한 잉여 노동(부역 노동)의 비율은 56/84이며, 따라서 잉여 가치율 또는 착취율은 약 66%에 이른다.

러시아의 구성법이 지배 계급의 잉여 노동에 대한 갈망을 합법화해 주는 것이라면, 영국의 '공장법'은 그 갈망을 부정하는 것이라고 볼 수 있다. 왜냐하면 공장법은 국가가 노동 시간을 강제로 제한함으로써 노동력을 무제한 착취하려는 자본가의 충동을 억제한 법이기 때문이다. 국가가 공장법을 제정한 이유는 날이 갈수록 노동 운동의 저항이 거세지고 있었기 때문이기도 하지만, 다른 한편으로 지나친 노동이 국민의 생명력을 뿌리째 파괴하여 노동력을 고갈시킬 위험이 있었기 때문이다.

1850년에 제정된 공장법은 하루 평균 10시간의 노동을 규정하고 있다. 평일 5일 동안은 아침 6시부터 저녁 6시까지 근무하는데, 거기에는 아침 식사를 위한 30분, 점심 식사를 위한 1시간이 포함되어 있어서 노동 시간은 10시간 30분이다. 그리고 토요일에는 아침 6시부터 오후 2시까지 근무하는데, 거기에는 아침 식사를 위한 30분이 포함되어 있어서 노동 시간은 7시간 30분이다. 따라서 1주일의 노동 시간은 60시간이 된다. 이 법을 지키도록 감독하기 위해 내무부 장관 직속의 공장 감독관이 임명되었으며, 이들은 6개월마다 보고서를 작성하여 의회에 제출했다. 이 보고서들에는 공장법을 어겨가면서 불법으로 노동 시간을 늘리려는 자본가들의 행동이 잘 드러나 있다.

"사기꾼 같은 공장주는 아침 6시보다 15분 빠르게 작업을 시작해서 오후 6시보다 15분 늦게 작업을 끝마친다. 또한 아침 식사를 위해 주어진 30분의 앞과 뒤에서 5분씩을 떼어내며, 점심 시간 1시간의 앞과 뒤에서 10분씩을 떼어낸다. 토요일에는 오후 2시보다 15분 늦게 작업이 끝난다. 이로부터 공장주가 얻는 이득은 1주일에 총 340분, 즉 5시간 40분이나 되는데, 이것을 1년 50주로 계산하면 27일이나 된다."

"법으로 규정한 노동 시간을 넘어선 지나친 노동에서 얻는 초과 이윤은 많은 공장주들에게 도저히 물리칠 수 없는 너무나 큰 유혹인 것처럼 보인다. 그들은 적발되지 않기를 기대하며, 또 적발되더라도 벌금과 재판 비용이 얼마 되지 않기 때문에 오히려 이익이 될 거라고 계산한다. 하루에 조금씩 훔친 시간들이 쌓여 노동 시간이 불법으로 늘어나는 경우, 공장 감독관들은 그 불법 행위를 입증하기가 매우 어렵다."

"만약 나에게 매일 10분씩만 법정 시간 이외의 노동을 시킬 수 있도록 허락해 준다면, 당신은 내 주머니에 매년 1,000파운드를 집어넣어 주는 셈이라고 아주 존경받는 공장주가 말했다. 공장주에게는 순간순간의 노동 시간이 이윤의 원천인 것이다."

공장주가 노동자의 식사 시간과 휴식 시간에서 몇 분씩 훔쳐내는 이 좀도둑질을 공장 감독관들은 '분 도둑', '분 뜯어내기'라고 부르며, 노동자들의 전문 용어로는 '식사 시간 야금야금 깎아먹기'라고도 한다. 이처럼 공장주는 잉여 노동 시간을 최대한 늘려 잉여 가치를 더 많이 얻으려고 온갖 불법 수단을 이용한다.

소규모 공장에서의 장시간 노동과 열악한 환경

앞에서 우리가 노동 시간 연장에 대한 충동, 즉 잉여 노동에 대한 늑대와 같은 갈망을 살펴본 분야는 지나친 자본의 욕구 때문에 법으로 자본을 규제하지 않으면 안 되는 분야였다. 이제 우리의 시선을 아무런 규제나 통제 없이 노동력에 대한 착취가 이루어지는 생산 분야로 돌려보자. 공장법의 적용을 받지 않는 소규모 공장에서는 장시간 노동이 이루어지고 있으며, 이로 말미암아 노동 착취가 매우 심한 형태로 행해진다. 1860년에 발행된 신문 〈데일리 텔레그래프〉에 다음과 같은 기사가 실렸다.

"치안 판사는 1860년 1월 14일에 다음과 같이 말했다. 레이스 장식품을 만드는 작은 공장에 근무하는 사람들은 문명 세계에서는 들어보지도 못할 정도의 심한 궁핍과 고통을 겪고 있다. 10세 아이들이 새벽 2시에서 4시 사이에 그들의 지저분한 잠자리에서 끌려나와 겨우 입에 풀칠만이라도 하기 위해 밤 10시나 12시까지 노동을 한다. 그들의 팔다리는 말라 비틀어졌고 신체는 왜소하며 얼굴은 창백하다. 그리고 그들의 인간성은 목석처럼 완전히 무감각 상태로 굳어져 보기만 해도 소름이 끼칠 지경이다."

이러한 장시간 노동은 도자기 제조업에서도 마찬가지다. 아동노동위원회에서 조사한 보고서만 봐도 그 실상을 충분히 알 수 있다. 현재 9살인 우드(W. Wood)가 노동을 하기 시작한 것은 만 7살 10개월 되던 때였다. 그는 매일 아침 6시에 와서 밤 9시까지 그릇 제조틀을 나르는 일을 반복했다. 7살 어린아이가 15시간 동안 노동을 한 것이다. 12살 소년 머레이(J. Murray)는 다음과 같이 말한다.

"나는 그릇 제조틀을 운반하고 용광로를 돌립니다. 나는 아침 6시에 일하러 오는데, 어떤 때는 새벽 4시에 오기도 합니다. 나는 어젯밤을 새워 오늘 아침 6시까지 일했습니다. 그저께 밤부터 자지 못했습니다. 어젯밤은 나와 함께 9명의 다른 소년들도 밤새 일했습니다. 한 아이를 빼고는 오늘 아침에도 모두 나왔습니다. 나는 1주일에 3실링 6펜스를 받습니다. 밤새워 일해도 그 이상은 받지 못합니다. 지난 주일에 나는 이틀 밤을 새워 일했습니다."

1863년 아동노동조사위원회의 보고서는 한 의사의 증언을 토대로 도자기 제조업에 고용된 노동자들의 건강 상태에 대해 이렇게 말한다.

"하나의 계급으로서 도자기공들은 남녀를 가리지 않고 육체적으로 퇴화된 주민들을 대표한다. 그들은 대체로 발육 부진 때문에 체격이 좋지 않고, 가끔 가슴이 기형인 경우도 많다. 그들은 빨리 늙고 수명이 짧다. 그들이 무기력하고 핏기가 없으며, 체질이 허약하다는 것은 위장병이나 간장병, 류머티스와 같은 고질병에 잘 걸린다는 점을 보면 알 수 있다. 그들이 주로 걸리는 병은 폐렴, 폐결핵, 기관지염, 천식과 같이 폐와 관련된 질병들이다. 천식의 한 종류로 그들에게만 있는 특유한 병이 있는데, '도자기공의 천식' 또는 '도자기공의 폐병'이라는 이름으로 알려진 것이다."

이 의사는 도자기공들이 이런 병에 걸린 이유들을 열거하면서, 장시간 노동 때문이라고 한마디로 요약했다.

성냥 제조업의 경우에도 상황은 비슷하다. 성냥 제조업은 1833년 인을 나무개비에 붙이는 기술이 발명되면서 시작되었으며, 1845년부터는 런던, 맨체스터, 버밍엄 등을 비롯하여 영국 전역으로 급속하게 확대되었다. 그 일에 종사하는 노동자의 절반이 13세 미만 아동과 18세 미만 미성년자들이다. 이 제조업은 비위생적이고 작업 조건이 나쁜 것으로 악명이 높았기 때문에, 노동자 계급 가운데서도 가장 비참한 집단인 굶주려 죽게 된 과부 등이 자신들의 아이를 여기에 보냈다. 노동 시간은 12시간에서 15시간 사이였고 야간 노동이 행해졌으며, 식사 시간은 불규칙할 뿐만 아니라 대부분의 경우 인의 독성 연기가 가득한 작업장에서 식사를 해야 했다. 만약 《신곡》을 쓴 단테(Dante)가 이런 광경을 보았다면, 그가 상상한 처참하기 짝이 없는 지옥의 광경도 여기에 미칠 수 없다는 점을 깨달았을 것이다.

영국의 어떤 산업 분야도 빵 제조업처럼 아주 오랜 생산 방식(로마의 시인이 쓴 작품에나 나올 것이다)을 지금까지 그대로 유지하지는 않을 것이다. 빵 만드는 작업장은 매우 불결하여, 명반이나 모래 같은 광물성 혼합물이 빵 속에 섞여 들어갈 뿐만 아니라 종기 고름이나 거미줄, 바퀴벌레 시체나 썩은 독일제 효소, 노동자들의 땀까지 빵 속에 섞여 들어간다. 영국 사람들은 아마도 이런 빵을 자신들이 매일 먹는다는 사실을 제대로 알지 못했을 것이다. 이런 불결함 때문에 그때까지 자유로웠던 빵 제조업은 국가의 감시를 받게 되었으며, 18세 미만의 빵 제조공이 밤 9시부터 새벽 5시 사이에 노동하는 것을 법으로 금지했다. 빵 제조업 분야의 노동 시간이 얼마나 지나친 것인지는 아동노동조사위원회가 작성한 다음 보고서가 잘 보여 준다.

"런던에서 빵 제조공의 작업은 보통 밤 11시에 시작된다. 이 시간에 그는 반죽을 하는데, 이 일은 반죽의 양과 품질에 따라 30분에서 45분 정도 걸리는 매우 힘든 과정이다. 반죽이 끝난 다음에 그는 반죽판 위에 누워 한 장의 밀가루 포대를 머리 밑에 베고 또 다른 한 장의 밀가루 포대를 몸에 덮고 두 시간 정도 잠을 잔다. 그 뒤 5시간에 걸쳐 쉴새없이 고된 노동을 한다. 반죽을 던지고, 무게를 달고, 형태를 만들고, 가마에 올리고, 가마에서 끄집어내는 등의 노동이 시작된다. 빵 제조실의 온도는 섭씨 24도에서 32도까지 올라가며, 규모가 작은 작업장의 온도는 그보다 더 높다. 식빵이나 원통형 빵 등을 만드는 작업이 끝나면 빵 배달이 시작된다. 대부분의 빵 제조공은 힘든 야간 노동이 끝나면 낮에는 빵을 광주리에 담든지 아니면 손수레에 싣고서 몇 시간 동안 배달을 하며, 이따금 빵 제조실에서 작업을 하기도 한다. 이 노동은 계절과 영업 규모에 따라 오후 1시에서 6시 사이에 끝나지만, 어떤 제조공들은 밤늦도록 빵 제조실에서 작업을 한다."

1863년 6월 마지막 주에 런던의 모든 일간 신문은 '순전히 지나친 노동 때문에 사망'이라는 충격적인 제목의 기사를 실었다. 명성이 높은 어떤 재봉소에서 일하던 워클리(Walkley)라는 20세 여성이 사망한 사건에 관한 기사였다. 그 여공은 엘리스(Elise)라는 얌전한 이름을 가진 귀부인에게 심한 착취를 당했다. 여기서 일하는 소녀들은 하루 평균 16시간 30분을, 그리고 파티가 많이 열리는 사교 계절인 초여름에는 가끔 30시간을 중간에 쉬는 시간도 없이 계속 노동했다. 그녀들이 지칠 대로 지쳐 제대로 작업 능률이 오르지 않으면, 때때로 포도주나 커피를 마시게 해서 기운을 차리게 했다. 마침 사교 계절이 한창일 때였다. 새로 온 웨일즈 공주를 축하하는 무도회가 열리는데, 여기에 초청된 귀부인들이 입을 화려한 옷들을 눈 깜짝할 사이에 만들어야만 했다. 워클리를 비롯한 60명의 소녀들은 각각 30명씩 배치된 좁은 방에서 공기도 부족한 상태로 연속해서 26시간 30분 동안 일을 했다. 그리고 밤에는 한 개의 침실에 널빤지를 대서 여러 칸으로 나눈 숨이 막히는 좁은 곳에서 두 명씩 잠을 잤다.

재봉소들 가운데 비교적 시설이 좋은 이곳도 형편이 이러한데, 다른 곳은 말할 것도 없다. 워클리는 금요일에 병이 나서 일요일에 죽었다. 주인인 엘리스 부인이 놀란 것은 이 소녀가 작업 중이던 일을 완성하지도 못한 채로 죽었다는 사실이었다. 뒤늦게 이 소녀의 주검을 검사했던 의사 키즈(Keys)는 나중에 배심원 앞에서 다음과 같이 솔직하게 증언했다. "워클리는 지나치게 빽빽한 작업실에서 장시간 노동을 했기 때문에, 그리고 환기가 안 되는 너무나 좁은 침실에서 잠을 잤기 때문에 죽었다."

교대 근무제와 노동 착취

　가치 증식의 입장에서 보면 불변 자본인 생산 수단은 오직 노동을 흡수하기 위해서만, 그리고 노동의 한 방울 한 방울까지 잉여 노동으로 흡수하기 위해서만 존재한다. 생산 수단이 가동되지 않고 멈추면 자본가는 일종의 손실을 본다. 왜냐하면 가동되지 않고 놀고 있는 생산 수단은 쓸데없이 투자된 자본이기 때문이다. 그리고 중단되었던 생산을 다시 시작할 때 추가 비용이 필요한 경우에는 더욱더 큰 손실을 본다. 노동 시간을 야간까지 연장하는 것은 임시방편에 지나지 않으며, 노동자의 살아 있는 노동력을 흡수하려는 갈증을 약간 풀어주는 데 도움을 줄 뿐이다.

　노동을 하루 24시간 내내 착취하려는 것은 자본주의적 생산 그 자체가 지닌 내부 충동이다. 그러나 한 사람의 노동력을 낮과 밤 동안 계속하여 착취하는 것은 육체적으로 불가능하다. 이러한 육체적 장애를 극복하기 위해서는 주간에 사용하는 노동력과 야간에 사용하는 노동력을 구분하여 교대로 일을 시켜야 한다. 그 교대에는 여러 방법이 있을 수 있다. 예를 들면, 노동 인원의 일부가 어떤 주에는 주간 노동만 하고, 다른 주에는 야간 노동만 하는 방법이 있다. 이와 같은 '교대제' 또는 '윤번제'는 영국의 면공업이 왕성하게 발전하던 시기에 주로 행해졌으며, 현재도 모스크바의 면방적 공장에서 여전히 시행되고 있다.

영국에서도 이와 같은 교대제나 윤번제가 아직도 공장법이 적용되지 않는 분야, 예를 들면 용광로나 제철 공장, 압연 공장 등에서 계속 시행되고 있다. 그곳에서는 작업이 평일과 일요일을 가리지 않고 매일 24시간 동안 계속 진행된다. 노동자는 남녀 성인과 아동들로 구성되어 있다. 아동과 소년들의 나이는 8세부터 18세까지로 모든 연령층에 걸쳐 있다. 어떤 공장에서는 소녀와 부인들도 남자 종업원들과 함께 야간 노동을 한다. 이처럼 표준 노동 시간을 넘어서는 장시간 노동이 소름 끼칠 정도로 행해지는 경우가 많은데, 이와 관련하여 아동노동조사위원회는 다음과 같은 보고서를 내놓았다.

"주야 교대 방법은 사업이 바쁠 때든 그렇지 않을 때든 소년들에게 지나치게 긴 시간의 노동을 하도록 만든다. 많은 소년들 가운데 한 명 이상이 결근하는 경우가 적지 않은데, 이때는 자신의 노동을 마친 소년들이 결근자의 일을 대신 맡지 않으면 안 된다. 이것은 이미 비밀도 아니기 때문에, 어떤 압연 공장 지배인은 결근 소년의 자리를 어떻게 메우느냐는 나의 질문에 다음과 같이 답했다. '아마 당신도 나와 마찬가지로 잘 알고 있을 텐데요.'"

이처럼 강철 생산 공장에서 교대 근무제를 실시하는 이유는 더 많은 이윤을 얻기 위해서다. 용광로, 압연 공장, 건물, 기계 설비, 철, 석탄 등은 자신의 가치를 단순히 강철로 넘겨 주는 일 그 이상의 어떤 일을 해내야 한다. 그것들은 잉여 노동을 흡수하기 위해 존재하는데, 당연히 12시간보다 24시간 동안 더 많은 잉여 노동을 흡수할 수 있다. 따라서 생산 수단은 하루 24시간 동안 일정한 수의 노동자들에게 교대로 일할 것을 요구한다. 만약 노동을 흡수하는 생산 수단의 작동이 멈추면, 생산 수단은 자본으로서의 성격을 잃게 되며, 따라서 회사 입장에서는 손실이 생긴다. 이처럼 자본가들은 더 많은 이윤을 얻기 위해 주간과 야간 교대 근무제를 실시하며, 이 과정에서 노동자들은 노동 시간의 연장이나 생활 리듬의 혼란 때문에 건강을 해치게 된다.

자본은 잉여 노동에 대한 무제한의 충동으로 말미암아 노동 시간의 도덕적 한계뿐만 아니라 육체적 한계까지도 넘어서려고 한다. 자본은 신체의 성장과 발육, 건강 유지에 필요한 시간마저 빼앗는다. 그리고 신선한 공기와 햇빛을 이용하는 데 필요한 시간을 도둑질한다. 자본은 식사 시간을 깎아 내고, 가능하다면 그 식사 시간까지도 생산 과정에 이용하기 위해 마치 보일러에 석탄을 공급하고 기계에 석유를 공급하듯이 노동자에게 식사를 제공한다. 적당한 수면은 생명력을 회복하여 활력을 되찾는 데 꼭 필요한 것이지만, 자본은 이러한 수면 시간조차 줄인다. 그래서 심한 경우에는 노동자의 조기 사망을 불러오기도 한다.

"노예 소유자는 노예를 보호하는 것이 자신의 이익과 들어맞는 한,

노예를 인간으로 취급한다. 그러나 노예 무역이 실시되면서 노예는 가장 무자비하게 혹사를 당한다. 노예를 외국의 흑인 사육장에서 값싸게 보충할 수 있게 되자, 노예의 수명은 그다지 중요하지 않게 되었다. 흑인 노예를 수입하는 국가의 관리 원칙은, 노예로부터 가장 짧은 시간 안에 가장 많은 노동을 짜내는 것이다. 오늘날 쿠바에서 농장주는 왕과 다름없이 살고 있지만, 노예들은 형편없는 음식물과 쉴새없는 극도의 혹사로 해마다 상당한 수가 죽어가고 있다."

이것은 케언스(Cairnes, 19세기 영국의 경제학자)가 노예의 혹사 노동에 대해 말한 내용이지만, 여기서 노예를 노동자로, 노예 무역을 노동 시장으로 바꿔 읽을 수 있다. 우리는 지나친 노동이 런던 빵 제조공들의 숫자를 얼마나 줄였는지 이미 보았다. 그럼에도 런던의 노동 시장에는 빵 공장에서 죽을 각오로 일하려는 독일인을 비롯한 여러 지원자들이 언제나 넘쳐 나고 있다.

자본가들의 역사적 경험에 따르면 공장에서 필요한 노동자보다 더 많은 인구, 즉 과잉 인구가 항상 존재한다. 그래서 자본가들은 사회에 의해 강요되지 않는 한, 노동자의 건강과 수명에 대해 조금도 배려하지 않는다. 노동자들의 육체적·정신적 퇴화, 조기 사망, 지나친 노동이라는 문제에 대해 자본가들은 다음과 같이 말한다. 그것들이 우리의 이윤을 증가시켜 주는데, 어째서 우리가 걱정해야 하는가? 이러한 상황을 넓게 보면, 그것은 개별 자본가의 선의나 악의 때문은 아니다. 자유 경쟁이라는 조건에서 개별 자본가들은 더 많은 이윤을 쌓아 경쟁에서 살아남기 위해 어쩔 수 없이 외부의 강제 법칙에 따라야 한다.

노동 시간 단축을 위한 투쟁과 공장법

표준 노동 시간의 제정은 자본가와 노동자 사이에 수 세기 동안 벌어진 투쟁의 결과물이다. 노동자들의 저항이 활발하지 않았던 14세기부터 18세기 중엽까지 제정된 영국의 노동 법규는 노동 시간을 강제로 늘리려는 목적을 갖고 있었다. 18세기 이전에는 농업 분야에서 공업 분야로 많은 인구가 이동했다. 따라서 공업 분야에 종사하는 공장주나 자본가는 항상 새로운 노동력을 채울 수 있었기 때문에 짧은 시간에 최대한 노동력을 착취하여 더 많은 잉여 가치를 얻으려고 했다. 그들은 지나친 노동에 따른 노동자의 조기 사망과 노동력 고갈 문제를 걱정할 필요가 없었다. 그래서 그 당시에는 노동 시간을 연장하는 법이 제정되었던 것이다.

자본이 정상적인 노동 시간을 낮 시간에 해당되는 12시간까지 최대한 연장하는 데는 수 세기가 걸렸지만, 18세기 후반에 탄생한 대공업과 더불어 노동 시간은 모든 장애를 극복하면서 빠른 속도로 연장되었다. 도덕과 자연, 연령과 성별, 낮과 밤에 의해 규정되었던 모든 한계는 완전히 무너졌다.

그러나 이러한 지나친 노동 시간은 점차 노동자 계급의 저항을 불러일으키기 시작했다. 노동자 계급의 저항은 대공업의 발생지인 영국에서 시작되었다. 그러나 19세기 초반 30년 동안 노동자 계급이 싸워서 얻어 낸 양보는 명목에 지나지 않았다. 의회는 1802년부터 1833년까지 5개의 노동법을 통과시켰지만, 그 법을 강제하기 위한 공무원들의 경비 사용은 의결하지 않았기 때문에 실효성이 없는 죽은 법에 지나지 않았다.

근대 산업의 표준 노동 시간은 면화나 모직 공장 등에 적용되는 1833년의 공장법에서 비로소 나타나기 시작했다. 그 법률은 다음과 같이 규정하고 있다. 공장의 보통 노동 시간은 아침 5시 30분에 시작해서 저녁 8시 30분에 끝나야 하며, 그 시간 안에서 미성년자를 어떤 시간에 고용하건 그것은 합법이다. 다만 특별히 규정한 경우를 제외하고는 미성년자를 하루에 12시간 이상 일을 시켜서는 안 된다. 그리고 각 개인에게는 적어도 1시간 30분 이상의 식사 시간을 주어야 한다. 그렇지만 공장주들은 여러 가지 방법을 이용하여 법정 노동 시간과 식사 시간을 제대로 지키지 않았고, 아동 노동도 줄어들지 않았다.

1838년부터 공장 노동자들은 보통 선거권을 요구하는 인민 헌장을 자신들의 정치 구호로 내세웠으며, 또한 10시간 노동법을 자신들의 경제 구호로 내세웠다. 1844년에 추가된 공장법 조항은 부녀자들의 노동 시간을 12시간으로 제한하면서 야간 노동도 금지했다. 노동 시간에 대한 제한을 상세하게 규정한 공장법 조항들은 결코 의회가 만든 것이 아니다. 그러한 조항들은 그 당시 역사적 상황의 산물이다. 국가에 의한 공장법 조항의 제정, 인정, 선포는 장기간에 걸쳐 노동자들이 벌여 온 투쟁의 결과였다. 대체로 1844년부터 1847년까지는 12시간 노동이 공장법의 적용을 받는 모든 산업 부문에서 실시되었다.

1846년부터 1847년은 영국 경제사에서 하나의 획기적인 시대였다. '곡물법'이 폐지되고 면화와 기타 원료에 대한 관세가 폐지되었으며, 자유 무역 법규가 선포되었다. 또한 인민 헌장 운동과 10시간 노동을 위한 운동이 절정에 달했다. 그래서 드디어 새로운 공장법이 의회에서 통과되었다. 1847년의 '신공장법'은 우선 소년과 여성 노동자의 노동 시간을 11시간으로 줄인 다음에, 1848년부터는 그들의 노동 시간을 10시간으로 제한할 것을 규정했다. 공장주들은 노동 시간이 줄어들자 임금을 낮추는 등 여러 수단을 이용하여 이윤 감소를 만회하려고 했다. 10시간 노동법이 제대로 지켜지지 않자 노동자들은 랭카셔와 요크셔에서 대규모 집회를 열어 이에 항의했다. 결국 공장주와 노동자 사이에 타협이 이루어져 1850년에 새로운 공장법이 의회를 통과했다. 제대로 지켜지지 않던 미성년자와 부녀자의 10시간 노동법은 1853년에야 비로소 제대로 적용되기 시작했다.

공장법이 대규모 공장들에 적용되면서, 1853년부터 1860년까지 공장 노동자들의 육체적·정신적 건강 상태가 크게 좋아졌다. 거의 50년에 걸친 노동자와 자본가 사이의 투쟁을 통해서 공장법이 자리를 잡게 된 것이다. 노동 운동이 활발해지면서 1860년 이래 공장법은 많이 발전했으며, 공장법의 적용을 받는 사업장도 크게 늘어났다.

앞에서 살펴본 영국의 역사적 사례를 통해서 우리는 다음과 같은 사실을 알 수 있다. 첫째, 노동 시간을 무제한 늘리려는 자본의 욕구는 산업 혁명이 처음으로 일어난 면화나 양모 산업에서 먼저 충족되었다. 그러나 이에 대한 반작용으로 휴식 시간을 포함한 노동 시간을 법으로 제한하는 사회적 통제가 이루어졌다. 19세기 후반에는 공장법이 더욱 확대되어 여러 산업 분야에 적용되기 시작했다. 둘째, 표준 노동 시간의 제정은 장기간에 걸친 자본가 계급과 노동자 계급 사이에서 벌어진 투쟁의 산물이었다. 이 투쟁은 근대 산업이 발전한 영국에서 먼저 시작되었다. 영국의 공장 노동자들은 근대 노동자 계급을 대표하는 투사였던 것이다.

프랑스는 영국의 뒤를 천천히 따라오고 있다. 프랑스의 12시간 노동법은 1848년 2월 혁명을 겪으면서 제정되었다. 이 법은 영국의 12시간 노동법에 비해 결함이 많았다. 그럼에도 혁명적인 방식으로 제정된 프랑스의 노동법은 나름대로 장점도 있었다. 영국의 노동법은 이런저런 압력에 굴복해 마지못해 제정된 것이기 때문에 여러 가지 모순된 조항이 있지만, 프랑스의 노동법은 혁명적인 방식으로 전체 작업장과 공장에서 12시간 노동을 실시하라고 요구했다. 더욱이 영국에서는 12시간 노동법이 처음에는 미성년자와 여성 노동자에게만 적용되었는데, 프랑스 노동법은 남성 노동자를 포함하여 모든 노동자에게 그 법을 적용하도록 선언했다.

미국에서는 노예 제도가 남아 있는 동안에는 독자적인 노동 운동이 제대로 이루어지지 못했다. 검은 피부의 노동자에게 낙인을 찍던 곳에서는 흰 피부의 노동자도 해방될 수 없었다. 그러다가 노예제가 폐지되자마자 노동 운동에서 새로운 생명의 싹이 돋아났다. 남북 전쟁의 첫 번째 성과는 8시간 노동을 위한 운동이었는데, 이 운동은 대서양에서 태평양까지, 뉴잉글랜드에서 캘리포니아까지 아주 빠른 기세로 퍼져 나갔다. 볼티모어에서 열린 전국노동자대회(1866년 8월)는 다음과 같이 선언했다.

"이 나라의 노동을 자본주의적 노예제로부터 해방시키기 위해 가장 먼저 해야 할 일은 아메리카 연방의 모든 주에서 표준 노동 시간을 8시간으로 규정하는 법률을 제정하는 것이다. 우리는 이 영예로운 성과를 달성하기 위해 최선을 다할 것을 결의한다."

이와 때를 같이하여 1866년 9월 초 제네바에서 열린 '제1인터내셔널 대회', 즉 '국제노동자대회'는 다음과 같은 결의를 했다.

"노동 시간의 제한 없이는 개선과 해방을 위한 모든 노력이 좌절될 수밖에 없다. 따라서 이것은 노동자 해방을 위한 선행 조건으로 매우 중요하다. 우리는 8시간을 노동 시간의 법정 한도로 제안한다."

노동자는 자유로운 계약을 통해 자본가에게 자신의 노동력을 판매하고 그 대가로 임금을 받는다. 그렇지만 노동자는 계약이 끝난 다음에 자신이 '자유로운 행위자'가 결코 아니었다는 점, 그가 자유롭게 자신의 노동력을 판매해야 하는 기간은 생계를 위해 어쩔 수 없이 노동력을 판매해야 하는 기간이라는 점을 알게 된다. 흡혈귀는 착취할 수 있는 한 조각의 근육, 한 가닥의 힘줄, 한 방울의 피라도 남아 있는 한 노동자를 놓아 주지 않는다. 따라서 노동자들은 자신들을 괴롭히는 뱀으로부터 자신을 '방어'하기 위해 단결하지 않으면 안 된다. 노동자들은 자본과의 자유로운 계약에 의해 자신과 가족을 죽음과 노예 상태로 팔아넘기는 것을 막아 줄 법률을 제정하기 위해서 하나의 계급으로 단결해야 한다. '양도할 수 없는 인권'이라는 화려한 목록 대신에 '법으로 제한된 노동 시간'이라는 겸손한 '대헌장'이 등장하는데, 그것은 "노동자가 노동력을 판매하는 시간은 언제 끝나며, 자기 자신이 자유롭게 이용할 수 있는 시간은 언제 시작되는지"를 비로소 분명하게 밝혀 준다. 예전과 비교하여 얼마나 큰 변화인가!

잉여 가치량

잉여 가치율은 개별 노동자가 일정 기간에 자본가에게 제공하는 잉여 가치량을 우리에게 알려 준다. 예를 들어 필요 노동이 하루에 6시간이고 그것을 화폐로 표현하여 3원이라고 한다면, 3원은 하루 동안에 들어간 노동력의 가치를 구매하는 데 들어간 가변 자본의 가치다. 여기서 잉여 가치율이 100%라고 한다면, 3원의 가변 자본이 3원의 잉여 가치량을 생산한다는 것이다. 다시 말하면 노동자는 매일 6시간의 잉여 가치량을 생산한 것이다.

그런데 자본가는 한 노동자만 고용하는 것이 아니라 동시에 여러 노동자를 고용한다. 따라서 자본가가 얻는 잉여 가치량은 개별 노동자가 생산한 잉여 가치량에 노동자의 수를 곱한 것과 같다. 이 경우에 가변 자본의 총액은 자본가가 동시에 구입한 모든 노동력의 총가치량을 화폐로 표현한 것이다. 따라서 가변 자본의 총가치는 한 노동력의 평균 가치와 노동력의 수를 곱한 것과 같다. 그리고 잉여 가치율은 노동자가 자본가에게 얼마의 잉여 노동 시간을 착취당하는지를 표현하는 착취도를 의미하므로, 이것은 잉여 노동을 필요 노동으로 나눈 것과 같다. 이것을 공식으로 표현하면 다음과 같다.

잉여 가치량(S)＝가변 자본의 총액(V)×잉여 가치율(잉여 가치(s)/가변 자본(v))

$$잉여 가치량_{(S)} = 한 노동력의 평균 가치_{(P)} \times 고용된 노동력의 수_{(n)}$$
$$\times 착취도(잉여 노동_{(á)} / 필요 노동_{(a)})$$

여기서 알 수 있듯이 잉여 가치량은 노동력 구입에 사용된 가변 자본의 총액에 비례하고, 또한 노동력에 대한 착취도인 잉여 가치율에도 비례한다. 따라서 가변 자본의 총액과 잉여 가치율이 증가할수록 잉여 가치량도 증가한다. 이것이 '잉여 가치량의 제1법칙'이다.

만약 고용 노동자의 수가 줄어들어 가변 자본의 총액이 적어질 경우에, 잉여 가치량을 유지하기 위해서는 잉여 가치율을 높여야 한다. 즉, 노동력에 대한 착취도를 높여야 한다. 그런데 하루는 24시간으로 제한되어 있기 때문에 착취도, 다시 말해 필요 노동 시간에 대한 잉여 노동 시간의 비율을 늘리는 데는 일정한 한계가 있다. 그러므로 가변 자본의 감소로 인한 잉여 가치량의 감소를 잉여 가치율의 증대를 통해 보완하는 데는 한계가 있다. 이것이 '잉여 가치량의 제2법칙'이다.

잉여 가치율, 즉 노동력 착취도에 일정한 한계가 있다면, 잉여 가치량을 늘리기 위해서는 더 많은 노동자를 고용하여 가변 자본의 총량을 늘려야 한다. 다시 말해 노동력 착취도를 더 이상 올릴 수 없는 경우에는 더 많은 노동자를 고용하여 가변 자본의 총량을 늘려야 잉여 가치량도 늘어난다. 이것이 '잉여 가치량의 제3법칙'이다.

잉여 가치량과 관련된 세 가지 법칙에서 알 수 있듯이, 자본가들은 더 많은 잉여 가치를 얻기 위해 잉여 가치율(착취도)을 높이거나, 더 많은 노동자를 고용하여 가변 자본의 총량을 늘려야 한다. 따라서 잉여 가치에 대한 무한한 욕망을 지닌 자본가들은 착취도를 강화하면서 동시에 공장 규모를 키워 더 많은 노동자를 고용하려고 한다.

자본주의적 생산 방식이 일정한 발전 단계에 이르면 자본가는 자본가로서, 즉 인격화된 자본으로서 활동하는 시간 전체를 다른 사람들의 노동력을 구입하여 관리하고 그 생산물을 판매하는 데 바쳐야 한다. 중세 길드 제도는 개별 장인이 고용할 수 있는 노동자의 수를 최소한으로 제한함으로써 수공업 장인이 자본가가 되는 것을 강제로 막았다. 화폐나 상품 소유자가 자본가로 되기 위해서는 생산에 투자하는 자본이 중세의 길드 수준을 넘어서야 한다. 헤겔(Hegel, 18~19세기 독일의 철학자. 독일 관념론을 완성함)이 《논리학》에서 설명하듯이 어떤 사물의 양이 증가하여 일정한 지점에 도달하면 그 사물의 질이 변화하는데, 이러한 주장이 바로 여기서 입증된다.

화폐나 상품의 소유자가 자본가로 되기 위한 최소 자본은 자본주의의 발전 단계나 각 생산 분야의 기술 조건에 따라 다르다. 자본주의 초기에 어떤 생산 분야는 한 개인이 소유하기 힘들 정도로 큰 자본을 필요로 했다. 그래서 프랑스나 독일에서는 국가가 개인에게 보조금을 주어 공장을 짓도록 도와주기도 했다.

자본가는 인격화된 자본으로서 자본의 운동을 대변한다. 그래서 자본가는 노동자가 자신의 일을 규칙적으로, 또한 매우 높은 강도로 수행하도록 감시한다. 자본가는 노동자에게 자기 노동력의 가치보다 더 많은 노동을 하도록 요구한다. 자본가의 생산 방식은 그 정력과 탐욕과 능률 측면에서 이전의 모든 생산 방식을 넘어선다.

생산 과정을 단순한 노동 과정의 입장에서 보면, 노동자는 생산 수단을 자본이 아니라 자신의 합목적적 생산 활동에 필요한 단순한 수단 및 재료로 상대한다. 예를 들면 노동자는 가죽 공장에서 생산 수단으로 사용되는 기계나 가죽을 단순히 자신의 노동 대상으로 취급한다. 그러나 생산 과정을 가치 증식 과정의 입장에서 보면 사정은 달라진다. 생산 수단은 즉시 타인의 노동을 흡수하기 위한 수단으로 바뀐다. 더 이상 노동자가 생산 수단을 사용하는 것이 아니라 생산 수단이 노동자를 사용한다. 자본으로서 생산 수단은 잉여 가치를 늘리기 위한 자본의 도구에 지나지 않는다.

야간에 가동이 중단된 용광로와 작업장은 살아 있는 노동을 조금도 흡수하지 못하기 때문에 자본가의 입장에서 보면 '순전한 손실'이다. 생산 수단은 노동자의 잉여 가치가 응고된 것으로 일종의 죽은 노동이다. 이에 비해 노동자의 노동은 현재 활동하고 있다는 점에서 살아 있는 노동이다. 그런데 자본주의 생산 양식에서는 생산 수단에 포함된 죽은 노동이 노동자의 살아 있는 노동을 지배하는 전도 또는 왜곡이 발생한다. 살아 있는 노동자가 중심이 아니라 생산 수단이 중심이 되어 노동이 수행된다. 이 과정에서 노동자가 주체성과 자율성을 잃고 생산 수단에 종속되는 노동 소외가 발생한다. 자본주의 사회에서는 노동이 단지 잉여 가치를 만들어 내기 위한 하나의 수단이 됨으로써 노동 소외가 발생한다.

6 상대적 잉여 가치의 생산 과정

relative
surplus value

근대 초기 매뉴팩처 생산 방식

매뉴팩처는 분업에 의거한 협업으로, 기계제 대공업으로 넘어가는 과도기 형태였다. 매뉴팩처가 발전하면서 노동 강도는 더욱 강화되었고 노동자에 대한 자본가의 지배 또한 강화되었으며, 노동자의 노동 소외 현상도 심해졌다.

6. 상대적 잉여 가치의 생산 과정

Relative surplus value

．．．．

마르크스는 제5장에서 노동 시간의 연장을 통해 절대적 잉여 가치를 생산하는 방법에 대해 설명했는데, 제6장에서는 자본가가 노동 생산성의 증가를 통해 상대적 잉여 가치를 생산하는 방법에 대해 설명한다. 상대적 잉여 가치란 노동 생산성을 높여 필요 노동 시간을 줄이고 잉여 노동 시간을 상대적으로 늘림으로써 만들어 내는 잉여 가치다. 어떤 자본가가 다른 자본가보다 먼저 새로운 기술을 도입하여 노동 생산성을 높임으로써 좀 더 적은 비용으로 상품을 생산하면 더 많은 이익을 얻을 수 있는데, 이것을 특별 잉여 가치라고 한다. 따라서 자본가들은 더 많은 상대적 잉여 가치 또는 특별 잉여 가치를 얻기 위해서 노동 생산성을 높이는 데 관심을 기울일 수밖에 없다.

자본가들은 작업을 효율적으로 수행하고 상품을 대량으로 생산하기 위해서 처음에는 협업이나 매뉴팩처와 같은 생산 방식을 도입하며, 나중에는 더 발전된 단계인 기계제 대공업을 도입한다. 그렇지만 분업이 확대되고, 기계와 자본에 대한 노동자의 종속이 심해지면서 노동 소외 문제가 심각한 문제로 떠오른다.

상대적 잉여 가치란 무엇인가?

노동자는 자기 노동력의 가치를 재생산하는 데 필요한 노동 시간을 초과하여 2시간, 3시간, 4시간, 6시간 등을 더 일할 수 있다. 그리고 이러한 잉여 노동 시간의 길이에 따라 잉여 가치율과 노동 시간의 길이가 결정된다. 필요 노동 시간은 변하지 않고 잉여 노동 시간의 길이에 따라 하루의 노동 시간이 변하는 것이다. 이렇게 노동 시간을 늘림으로써 생산된 잉여 가치를 절대적 잉여 가치라고 한다. 이제 자본가가 다른 방식으로 잉여 가치를 늘리는 방법을 살펴보자.

어떤 사회에서 하루 노동 시간이 12시간이라고 하자. 그 가운데 필요 노동 시간이 10시간인데 이를 선분 A—B의 길이로 표시하고, 잉여 노동 시간이 2시간인데 이를 선분 B—C의 길이로 표시하기로 하자. 이런 경우에 노동자의 하루 노동 시간을 선분의 길이로 표시하면 다음과 같다.

노동 시간 Ⅰ : A————————B——C (10시간+2시간=12시간)

여기서 선분 A—C, 즉 하루의 총 노동 시간인 12시간을 더 이상 연장하지 않고서도 어떻게 잉여 가치의 생산을 늘릴 수 있을까? 다시 말해 어떻게 잉여 노동 시간을 늘릴 수 있을까? A—C의 길이가 정해진 상태에서 B를 A방향으로 이동시키면 B—C의 길이는 늘어난다. 즉, A—B에 해당되는 필요 노동 시간을 줄이면 B—C에 해당되는 잉여 노동 시간이 늘어나서 잉여 가치도 늘어난다. 예를 들어 A—B가 1시간 줄어들어 필요 노동 시간이 9시간이 되면, B—C는 1시간 늘어나서 잉여 노동 시간은 3시간이 된다. 이것을 선분의 길이로 표시하면 다음과 같다.

노동 시간 Ⅱ : A———————B———C (9시간＋3시간＝12시간)

여기서는 잉여 노동 시간이 2시간에서 3시간으로 늘어나므로 잉여 노동도 50%가 증가한다. 앞의 경우와 비교해 보면 전체 노동 시간의 길이가 아니라 필요 노동 시간과 잉여 노동 시간의 비율에서 차이가 난다. 전체 노동 시간은 12시간으로 고정되어 있지만, 필요 노동 시간은 줄어들고 잉여 노동 시간은 늘어나서 잉여 가치의 양이 늘어난 것이다. 필요 노동 시간을 줄임으로써 노동 시간의 두 부분 사이의 길이가 변화하여 얻게 되는 잉여 가치를 '상대적 잉여 가치'라고 한다. 필요 노동과 잉여 노동의 상대적인 비율을 변화시킴으로써 얻어진 잉여 가치가 상대적 잉여 가치다.

상대적 잉여 가치를 생산하기 위해서는 필요 노동 시간을 줄여야 한다. 필요 노동 시간은 노동력을 유지하는 데 필요한 노동 시간이기 때문에, 필요 노동 시간을 줄이기 위해서는 노동력을 유지하는 데 필요한 생활 수단의 가치를 떨어뜨려야 한다. 즉, 생활 수단을 생산하는 데 들어가는 노동 시간을 줄여야 한다.

노동력을 유지하는 데 필요한 노동 시간이 10시간에서 9시간으로 줄어든다는 것은, 이전에는 10시간이 걸리던 생활 수단의 생산 시간이 이제는 9시간으로 줄어든다는 의미다. 이것은 노동 생산성의 향상 없이는 불가능하다. 예를 들어 어떤 제화공이 12시간에 1켤레의 구두를 만들 수 있다고 하자. 그가 같은 시간에 2켤레의 구두를 만들려면, 노동 생산성을 2배로 높여야 한다. 이것은 노동 수단이나 노동 방법을 변화시키지 않고서는 불가능한 일이다. 즉, 생산 조건이나 생산 방식에서 혁명이 일어나야 한다. '노동 생산성의 향상'이란 노동 과정에서 변화가 일어나 상품 생산에 필요한 노동 시간이 줄어들고, 그래서 일정한 양의 노동으로 더 많은 사용 가치를 생산할 수 있게 되는 것을 의미한다.

노동 생산성의 향상은 생산 과정에 새로운 기술을 도입하거나 생산 조직을 좀 더 효율적으로 개선하는 변혁 없이는 불가능하다. 노동 생산성이 향상되면 생활필수품을 포함한 여러 생활 수단의 가격이 낮아져 노동력을 재생산하는 데 필요한 노동 시간이 줄어들며, 그 결과 노동력의 가치도 떨어진다. 따라서 노동 생산성의 향상은 필요 노동 시간을 줄이고 잉여 노동 시간을 상대적으로 늘림으로써 상대적 잉여 가치를 만들어 낸다.

특별 잉여 가치란 무엇인가?

상품의 현실적 가치는 어떤 개별 상품의 생산에 실제로 들어간 노동 시간에 의해서가 아니라 그 상품의 생산에 필요한 사회적 평균 노동 시간에 의해 결정된다. 따라서 만약 새로운 생산 방법을 도입한 자본가가 9원의 비용으로 상품을 생산하여 12원이라는 사회적 평균 가치로 판매할 경우, 그는 다른 자본가들보다 3원만큼 더 많은 이익을 얻을 수 있다. 이것을 '특별 잉여 가치'라고 한다.

어떤 자본가가 새로운 기술을 도입하여 노동 생산성을 높임으로써 특정 상품을 좀 더 적은 비용으로 생산한 다음에, 그 상품을 시중 가격으로 판매했다고 하자. 이 경우에 그 자본가는 다른 자본가보다 그 차액만큼 더 많은 이익을 얻을 수 있는데, 이것을 특별 잉여 가치라고 하는 것이다. 이러한 특별 잉여 가치는 특정 상품의 가치가 그 상품을 생산하는 데 들어간 개별 노동 시간에 의해서가 아니라 같은 종류의 상품을 생산하는 데 들어간 사회적 평균 노동 시간에 의해 결정되기 때문에 생긴다.

따라서 개별 자본가들은 이러한 특별 잉여 가치를 얻기 위해서 새로운 생산 방식을 도입하여 노동 생산성을 높이려고 한다. 새로운 생산 방식을 채택하는 자본가는 같은 생산 부문의 다른 자본가에 비해 노동 시간 가운데 더 큰 부분을 잉여 노동으로 얻는다.

그렇지만 새로운 생산 방식이 대부분의 공장에 널리 보급되어 전체적으로 노동 생산성이 높아진다면, 상대적 잉여 가치는 증가하지만 그 상품의 개별 가치와 사회적 가치 사이의 차이는 사라지기 때문에 특별 잉여 가치는 얻을 수 없다. 그래서 자본가들은 특별 잉여 가치를 얻기 위해서 다른 자본가들이 아직 도입하지 않은 새로운 생산 방식을 도입하려고 끝없는 경쟁을 벌인다.

상대적 잉여 가치는 노동 생산성에 정비례한다. 노동 생산성이 높아지면 상대적 잉여 가치도 늘어나고, 반대로 노동 생산성이 낮아지면 상대적 잉여 가치도 줄어든다. 노동 생산성이 높아지면 상품을 값싸게 생산하여 노동력의 가치를 떨어뜨릴 수 있고, 그 결과 상대적 잉여 가치를 늘릴 수 있다. 따라서 노동 생산성을 높이려는 것은 자본의 내부 충동이며 끊임없는 경향이다.

그렇다고 자본주의 사회에서 노동 생산성의 향상을 통해 노동량을 절약하려는 목적이 결코 노동자들의 노동 시간을 줄여 주는 데 있는 것은 아니다. 그것이 노리는 목적은 일정한 양의 상품을 생산하는 데 필요한 노동 시간을 줄여 자본가에게 더 많은 잉여 가치를 가져다 주기 위한 것이다. 다시 말해 그 목적은 노동자가 하루 노동 시간 가운데 자본가에게 무상으로 제공하는 잉여 노동 시간을 늘리는 것이다.

협업은 어떻게 이루어지는가?

자본주의적 생산 방식은 개별 자본이 다수의 노동자를 동시에 고용하여 대규모로 생산 활동을 하면서 시작되었다. 많은 노동자가 같은 시간에 같은 장소에서 같은 종류의 상품을 생산하기 위해, 같은 자본가의 지휘 밑에서 함께 일하는 방식은 자본주의 생산 방식의 출발점이 된다. 이러한 초기 매뉴팩처는 개별 자본가가 고용하는 노동자의 수가 더 많다는 것 이외에는 길드의 수공업과 거의 구별되지 않았다. 이것은 길드의 장인이 운영하던 작업장이 확대된 것에 불과했다. 따라서 그 차이는 처음에는 순전히 양적 차이였다.

그러나 작업 방식에 변화가 없더라도 이러한 대규모의 양적 변화는 질적 변화를 불러일으킨다. 많은 노동자를 동시에 고용하는 생산 방식은 노동 조건을 혁명적으로 변화시킨다. 노동자들이 일하는 건물이나 창고, 그들이 동시에 또는 번갈아 사용하는 도구와 같은 생산 수단이 이제는 공동으로 소비된다. 생산 수단의 공동 사용은 생산 수단의 절약으로 이어진다. 10명이 일할 때보다 20명이 일할 때 더 넓은 건물이 필요한 것은 사실이지만, 그렇다고 건물의 건축비가 2배로 늘어나는 것은 아니기 때문에 그 비용을 절약할 수 있다. 따라서 자본가는 상품을 값싸게 생산하여 상대적 잉여 가치를 더 많이 얻을 수 있다. 이렇게 생산 과정에서 많은 사람들이 계획적으로 협력하여 노동하는 것을 '협업'이라고 한다.

기병 1개 중대의 공격력이나 보병 1개 연대의 방어력은 개별 군인들이 갖는 공격력이나 방어력의 합계보다 훨씬 더 크다. 이와 마찬가지로 많은 노동자들이 협업을 통해 발휘하는 힘은 개별 노동자들이 발휘하는 힘의 합계보다 더 크다. 예를 들면 무거운 짐을 들어 올리거나 장애물을 없앨 때 협업은 큰 힘을 발휘한다. 고립된 개별 노동에 의해서는 협업의 성과를 달성할 수 없거나 훨씬 더 많은 시간이 든다. 반면에 협업에 의해서는 개인의 생산력이 향상될 뿐만 아니라 하나의 새로운 생산력, 즉 집단적 힘이 창조된다.

또한 협업을 통해 이루어지는 단순한 사회적 접촉만으로도 경쟁심이나 혈기가 자극되어 개별 노동자의 작업 능률이 오른다. 그 결과 하루 동안 함께 일하는 12명의 생산성은, 하루 동안 12명이 각자 일하는 경우나 또는 12일 동안 1명이 혼자서 일하는 경우보다 훨씬 더 높게 나타난다. 그 이유는 인간이 사회적 동물이기 때문이다.

협업은 넓은 공간에서 작업을 할 수 있도록 해 주는데, 어떤 노동 방식에서는 노동 대상의 물리적 조건이 협업을 요구하기도 한다. 예를 들어 배수 공사, 제방 공사, 관개 공사, 운하 건설, 도로 건설, 철도 부설 공사 등이 이에 해당된다. 다른 한편으로 협업은 전체 생산 규모는 확대하면서도 각 노동자가 담당하는 생산 공간은 상대적으로 축소함으로써 장소 이동에 따른 비용을 줄여 준다.

협업에 들어가는 노동 시간은 개별 노동 시간에 비해 더 높은 생산성을 유지하기 때문에 거기서 생산된 사용 가치의 양도 더 많다. 협업에서 얻는 생산력은 어떤 경우라도 사회적 생산력이다. 그 생산력은 협업 그 자체에서 생겨난다. 다른 노동자들과 협력하는 노동자는 그 개별성의 족쇄를 벗어 던지고 인간 종족으로서의 능력을 발휘한다. 이처럼 협업은 새로운 집단적 힘의 창조, 생산 규모의 확대, 작업 공간의 효율적 사용, 대규모 노동력의 집중 사용, 개인의 경쟁심 자극, 생산 수단의 공동 사용에 따른 비용 절감 등을 통해서 노동 생산성을 높인다. 따라서 협업은 상대적 잉여 가치의 원천이 된다.

협업을 통해 고용되는 노동자의 수가 늘어나고 잉여 가치량이 증가하면, 고용주는 육체 노동을 더 이상 하지 않아도 되기 때문에 점차 자본가로 바뀐다. 대규모로 수행되는 공동 노동은 개인들의 활동을 조화시키기 위해 지휘자를 필요로 한다. 바이올린 독주자는 자신이 직접 지휘자가 되지만, 교향악단은 독립된 지휘자를 필요로 한다. 노동이 협업 방식으로 바뀌면서 자본가는 지휘와 감독, 조절 기능을 담당한다. 자본가는 지휘와 감독이라는 독특한 기능을 맡는다.

자본주의 사회에서 생산의 동기와 목적은 잉여 가치를 늘려 더 많은 자본을 축적하는 것이다. 따라서 노동력에 대한 착취도 계속해서 이루어진다. 협업에 참여하는 노동자의 수가 증가함에 따라 노동자들의 반항도 커지며, 또한 이 반항을 억누르기 위한 자본의 압력도 함께 강해진다. 그런데 이러한 지휘나 통제는 효율적인 생산을 위한 사회적 노동의 과정이기도 하지만, 다른 한편으로는 노동력을 최대한 착취하여 잉여 가치를 늘리려는 자본의 가치 증식 과정이기도 하다.

물론 협업의 규모가 아주 커지면, 자본가는 이러한 지휘와 관리 역할을 특수한 임금 노동자인 중간 관리자에게 넘긴다. 군대에서 장교와 하사관이 중간 관리자의 역할을 하듯이, 공장의 협업 방식에서는 감독자나 지배인이 그런 역할을 한다. 감독이라는 업무가 그들의 전문 기능으로 자리 잡게 되는 것이다.

단순 협업의 엄청난 효과는 고대 아시아인, 이집트인 등이 세운 거대한 건축물에서 볼 수 있다. 존스(R. Jones, 19세기 영국의 경제학자·성직자)는 그의 《국민경제학 교과서》에서 이렇게 말한다. "고대 아시아 국가들은 행정비와 군사비로 사용하고 남는 잉여 생산물을 갖고 있었기 때문에, 그것을 호화로운 궁전과 사원을 짓거나 다른 토목 공사를 하는 데 사용할 수 있었다. 비옥한 나일 강 유역에 위치한 이집트는 농사를 짓지 않는 수많은 비농업 인구를 먹여 살릴 식량을 생산했고, 왕과 사제들은 이 식량을 이용하여 거대한 기념비들을 세울 수 있었다. 인간의 노동력을 활용하여 자재를 대량으로 운반해서 거대한 석상과 피라미드를 만들었다. 이 국가들은 개인의 육체적 힘 이외에는 다른 수단을 갖고 있지 않았다."

아시아와 이집트의 왕들이 가졌던 이러한 권력이 근대 사회에서는 자본가에게로 넘어갔다. 고대와 중세 및 근대 식민지에서 수행된 협업은 대부분 지배와 예속 관계를 바탕으로 한 노예제가 중심이 된다. 이에 비해 근대 자본주의에서 수행된 협업은 자신의 노동력을 자유롭게 판매하는 임금 노동자가 중심이 된다. 노동자들의 협업은 노동 생산성을 크게 향상시킴으로써 자본주의적 생산 방식을 발전시키는 데 기여했다.

매뉴팩처란 무엇인가?

'분업에 의거한 협업'을 잘 보여 주는 것이 매뉴팩처, 즉 '공장제 수공업'이다. 매뉴팩처는 대략 16세기 중반에서 18세기 중반까지 전성기를 이루었는데, 여기서는 분업에 의거한 협업을 통해 수작업으로 상품을 생산했다.[1]

---

1) 매뉴팩처는 생산 과정에서 기술적 분업을 사용한다는 점에서 앞에 설명한 단순 협업과 다르며, 또한 본격적으로 기계를 도입한 것이 아니라 아직도 수작업에 의존한다는 점에서 기계제 대공업과도 다르다. 분업에 의거한 협업의 한 형태로서 매뉴팩처는 단순 협업에서 기계제 대공업으로 넘어가는 중간 단계다.

매뉴팩처는 두 가지 방식을 통해서 발전했다. 첫째, 다양한 물건을 생산하는 독립 수공업자들이 같은 작업장에 모여서 협업을 하는 경우다. 예를 들면 예전에는 수레바퀴 제조공, 마구 제조공, 재봉공, 가구공 등 수많은 독립 수공업자들이 각자의 작업장에서 다양한 물건을 만든 다음에 그것을 결합하여 마차를 만들었다. 그런데 매뉴팩처에서는 이들이 한 작업장에 모여 자본가의 통제를 받으면서 다양한 부품을 생산하여 마차를 만든다. 즉, 다양한 독립 수공업자들이 분업에 의거한 협업을 통해서 마차를 만든다. 처음에 마차 매뉴팩처는 다양한 수공업자들이 결합된 것이었다. 그러다가 마차 생산은 각각의 부분 과정들로 나누어졌고, 각각의 부분 과정은 특정한 노동자의 전문 기능으로 고정되었다. 매뉴팩처의 전체 과정은 부분 작업을 수행하는 노동자들의 결합을 통해 운영되었다.

　둘째, 같은 종류의 작업을 하던 수공업자들이 한 작업장에 모여서 작업 과정을 나눈 다음에 각자가 한 분야를 전문적으로 맡는 경우다. 자본가는 같은 종류의 작업을 하던 많은 수공업자들을 고용하여 한 작업장에 모은다. 처음에 각 수공업자들은 상품 제조에 필요한 모든 작업 과정을 거의 혼자 맡아 상품을 만들다가, 점차 작업 과정을 나누어 맡기 시작한다. 즉, 전체 작업 과정을 여러 단계로 나누어 각자에게 서로 다른 단계의 작업을 맡긴다. 예를 들어 바늘을 만들 경우에 예전에는 한 명의 수공업자가 작업 과정 전체를 혼자 맡아서 일을 했다. 그러나 매뉴팩처에서는 철사를 자르는 과정, 바늘의 귀를 만드는 과정, 바늘의 끝을 날카롭게 연마하는 과정 등을 각각 나누어 수공업자들이 각자 한 가지 작업 과정만을 전문적으로 맡는다. 바늘을 제조하는 영국의 매뉴팩처에서는 20가지의 작업 과정을 20명의 수공업자가 각자 한 가지씩 나눠 맡아서 일을 한다. 이제 상품은 독립 수공업자 한 명의 '개인 생산물'이 아니라 여러 수공업자들의 '사회적 생산물'이 된다.

매뉴팩처에서 일생 동안 하나의 단순 작업을 하는 노동자는 자신의 신체를 자동화된 단순한 도구로 만든다. 매뉴팩처의 작업 과정을 담당하는 노동자들은 부분 작업을 전문으로 담당하는 '부분 노동자'다. 따라서 그는 혼자서 작업 전체를 맡아 처리하는 독립 수공업자보다 더 적은 시간을 들여 더 많은 물건을 생산한다. 즉, 노동 생산성을 높인다.

부분 노동이 한 사람의 전문 기능으로 자리 잡으면 부분 노동의 방법도 개선된다. 똑같은 단순 작업을 계속 반복하면서 그 작업에 주의를 집중하기 때문에, 어떻게 하면 힘을 가장 적게 들여 원하는 효과를 얻을 수 있을지를 경험을 통해 쉽게 알게 된다. 그리고 이렇게 익힌 기술과 작업 요령은 계속 축적되어 다음 세대로 전달된다. 매뉴팩처의 전문 분업은 노동자들의 숙련도를 높여 준다.

매뉴팩처에서는 노동자의 숙련도가 높아질 뿐만 아니라 노동 도구도 세분화됨으로써 노동 생산성이 향상된다. 노동자들은 세분화된 작업에 적합한 특수한 도구를 개발하여 사용한다. 예를 들면 예전에는 몇 가지 종류밖에 없었던 망치가 매뉴팩처 단계에서는 수백 가지로 특수화되어 세분화된 작업에 사용된다. 버밍엄 지역만 보더라도 약 500종에 달하는 다양한 망치들이 생산되어 그것들 하나하나가 특수한 전문 노동 과정에 사용되고 있다. 이처럼 매뉴팩처에서는 숙련 노동자들이 세분화된 특수 도구를 개발하여 노동 생산성을 높인다.

매뉴팩처의 조직 방식에는 두 가지 기본 형태, 즉 '이질적(異質的) 매뉴팩처'와 '유기적(有機的) 매뉴팩처'가 있다. 이 둘은 서로 뒤섞여 있는 경우도 있지만, 근본적으로 서로 다른 종류다. 이질적 매뉴팩처는 서로 다른 종류의 부품을 각각 만든 다음에 그것들을 단순하게 조립하여 제품을 만드는 것이다. 예를 들면 시계의 경우 태엽 제조공, 지침반 제조공, 나선형 용수철 제조공, 보석 구멍 뚫는 사람, 시계 바늘 제조공, 나사못 제조공 등 여러 노동자들이 개별 부품들을 각자 만든 다음에, 한두 사람의 조립공이 그 부품들을 조립하여 하나의 시계를 완성한다.

이에 비해 유기적 매뉴팩처에서는 여러 노동자들의 손을 차례대로 거치면서 하나의 제품이 만들어진다. 유기적 매뉴팩처는 각각의 부품들을 모아서 제품을 조립하는 것이 아니라, 서로 연관된 일련의 과정들을 한 단계씩 차례로 거치도록 하여 제품을 만든다. 바늘을 제조하는 매뉴팩처의 경우 철사가 72명, 때로는 92명의 전문 부분 노동자들의 손을 차례대로 통과하여 하나의 바늘로 완성된다.

매뉴팩처에서 여러 노동자들이 수행하는 각종 작업에는 단순한 작업과 복잡한 작업, 저급 작업과 고급 작업이 있기 때문에, 개별 노동자들은 서로 다른 훈련을 받으며 그에 따라 노동력의 가치에도 차이가 생긴다. 매뉴팩처로 말미암아 노동력 등급제가 발전하고, 그 결과 임금에도 등급이 생긴다. 개별 노동자는 한정된 기능에 일생 동안 묶이고, 그들의 선천적·후천적 능력에 따라 등급이 매겨진 각종 작업이 각자에게 주어진다. 전문 교육이나 훈련이 많이 요구되는 숙련공과 그렇지 않은 미숙련공이 구분된다. 단순 작업을 반복하는 미숙련공의 경우에 교육비나 훈련비가 거의 들지 않으며, 또한 전문 숙련공의 경우에도 그 기능이 많이 단순화되어 교육비나 훈련비가 독립 수공업자보다 매우 적게 들어간다. 이로 말미암아 어느 경우가 되었든지 간에 노동력의 가치는 떨어지며, 따라서 필요 노동 시간도 감소하고 그 결과 상대적 잉여 가치가 증가한다.

이제 '사회적 분업'과 '작업장 안의 분업'에 대해 간단히 살펴보자. 처음에 생산물의 교환은 서로 다른 가족들이나 서로 다른 종족들이 서로 접촉하는 지점에서 이루어졌다. 서로 다른 자연 환경에서 형성된 공동체들은 서로 다른 생산물을 생산하기 때문에 상호간에 접촉을 통해 서로에게 필요한 생산물을 교환한다. 이렇게 생산물 교환을 매개로 서로 다른 공동체나 서로 다른 생산 부문들 사이에 상호 의존성이 커지면서 '사회적 분업'이 생겨난다. 즉, 서로 독립된 생산 영역들 사이에서 교환이 이루어지면서 사회적 분업이 발생하게 되는 것이다. 인류의 역사를 살펴보면, 도시와 농촌의 분리에 기반을 둔 공업과 농업의 분리가 사회적 분업의 중요한 역사적 토대가 된다. 그리고 인구의 크기와 밀도도 사회적 분업에서 중요한 요소로 작용한다. 대체로 한 사회에서 인구의 크기와 밀도가 크면 클수록 사회적 분업도 더욱 빨라지는 경향이 있다.

사회적 분업이 서로 다른 생산 부문들 사이에서 발생하는 분업이라면, 작업장 안의 분업은 한 작업장 안에서 발생하는 분업이다. 이러한 작업장 안의 분업은 사회적 분업이 이미 일정한 수준으로 발전해야 가능한데, 앞에서 살펴보았듯이 매뉴팩처 단계에서 본격적으로 나타난다. 매뉴팩처의 목적은 분업을 통해 효율적으로 상품을 생산하는 것이기 때문에, 매뉴팩처가 형성되기 위해서는 상품의 생산과 교환이 광범위하게 이루어져야 한다. 즉, 사회적 분업이 상당한 정도로 발전해야 한다. 다른 한편으로는 작업장 안의 분업이 사회적 분업을 촉진하기도 한다. 한 작업장 안에서 이루어지는 분업의 여러 과정 가운데 어떤 한 부분이 분리되어 독립된 생산 부문으로 바뀌는 경우도 있기 때문이다.

사회적 분업과 작업장 안의 분업은 비슷한 점도 있지만 근본적인 차이점도 있다. 사회적 분업은 서로 다른 산업 부문의 독립 생산자들이 각자 상품을 생산하여 서로 교환하는 방식을 따른다. 반면에 작업장 안의 분업은 한 사람의 자본가에게 고용된 노동자들 사이에서 분업이 이루어지는 방식을 따른다. 사회적 분업은 전체를 통제하는 사람이 없기 때문에 생산 과정이 시장 가격에 의해서 나중에 조절된다. 반면에 작업장 안의 분업은 작업 과정 전체를 통제하는 자본가에 의해서 미리 계획되고 관리된다. 사회적 분업은 자본주의 이전의 다른 사회 형태에서도 존재한다. 반면에 작업장 안의 분업은 자본가에게 생산 수단이 집중된 자본주의 사회에서 본격적으로 등장한다.

자본주의적 생산 양식에서 사회적 분업은 전체 통제자 없이 무정부적 방식으로 이루어지지만, 작업장 안의 분업은 자본가라는 통제자에 의해서 독재적 방식으로 수행된다. 중세 길드 제도는 장인이 고용할 수 있는 직공이나 도제의 수를 엄격하게 규제함으로써 장인이 자본가로 되는 것을 막았다. 그래서 길드 조직에서는 작업장 안의 분업이 제대로 이루어지기 어려웠다. 이에 비해 자본주의 사회에서는 자본가가 생산 수단이나 노동력의 규모를 확대하는 데 어떠한 제한도 받지 않기 때문에, 작업장 안의 분업 방식을 채택하는 매뉴팩처가 발전할 수 있었다. 따라서 여러 사회 형태들에 존재하는 사회적 분업

과 달리 작업장 안의 분업은 자본주의적 생산 양식의 독특한 창조물
이라고 할 수 있다.

매뉴팩처의 문제점과 한계

매뉴팩처는 과거에는 독립되어 있던 노동자를 자본의 지휘와 규율
에 복종시킬 뿐만 아니라, 노동자들 사이에 숙련공 및 미숙련공과 같
은 계층을 만들어 낸다. 또한 노동자의 다양한 생산 능력과 소질을
억압하고 특수한 기능만을 개발하도록 만들어서 노동자를 기형으로
만든다. 이것은 마치 우루과이나 아르헨티나와 같은 남미 지역에서
가죽을 얻기 위해 동물 한 마리 전체를 죽이는 것과 마찬가지다. 각
각의 부분 노동이 서로 다른 개인들에게 분배될 뿐만 아니라 노동자
자신이 나뉘어져서 부분 노동만을 담당하는 자동 장치가 된다. 더 이
상 독립하여 물건을 만들 수 없는 매뉴팩처 노동자는 자본가의 부속
물로서만 생산 활동을 할 수 있을 뿐이다. 분업은 매뉴팩처 노동자에
게 자본의 소유물이라는 낙인을 찍는다.

야만인의 전쟁 기술이 대부분 개인의 지혜와 능력을 발휘한 것이
었듯이, 비록 작은 규모이기는 하지만 독립 농민이나 수공업자도 자
신의 지식과 판단력, 의지를 발휘했다. 그러나 매뉴팩처에서 그러한
능력은 다만 작업장 전체를 위해서만 필요할 뿐이다. 생산 과정에서

노동자의 정신 능력은 한 방면으로만 발전하기 때문에 다른 방면에서는 완전히 사라진다. 이러한 과정은 단순 협업에서 시작되어 매뉴팩처에서 더욱 발전하며, 대공업에서 완성된다. 매뉴팩처에서 집단 노동자가 발휘하는 사회적 생산력은 노동자의 이러한 기형적 발전을 바탕으로 한다.

퍼거슨(A. Ferguson, 18~19세기 영국의 철학자·사회학자)은 다음과 같이 말한다. "매뉴팩처가 가장 번영한 곳은 인간이 거의 정신을 쓰지 않는 곳, 그리고 인간이 기계의 부품으로 여겨지는 곳이다." 애덤 스미스(A. Smith, 18세기 영국의 경제학자·철학자)도 《국부론》에서 다음과 같이 말한다. "대다수 사람들의 이해력은 일상 업무를 처리하는 과정에서 생긴다. 그런데 일생을 몇 가지 단순 작업에 소비하는 사람들은 자신의 이해력을 발휘하거나 자신의 창조력을 사용할 기회를 갖지 못한다. 따라서 그는 자연스럽게 그런 노력을 하는 습관을 잃게 되어 인간으로서 가장 둔해지고 무지한 상태에 이르게 된다." 그래서 애덤 스미스는 분업에 의해 국민 대중이 완전히 퇴화하는 것을 막기 위해서는 국가가 나서서 국민 교육을 실시해야 한다고 주장한다.

전체 사회에서 여러 부문들 사이의 사회적 분업으로 말미암아 노동자가 정신적·육체적으로 기형이 되는 것은 어쩔 수 없는 일이다. 그러나 매뉴팩처는 노동 부문들의 이러한 사회적 분업을 훨씬 더 심화시키며, 나아가 작업장 안의 분업에 의해 노동자 개인을 더욱더 심한 기형으로 만든다. 매뉴팩처는 더 많은 상대적 잉여 가치를 생산하는 하나의 특수한 방법이다. 즉, 노동자의 희생 위에서 자본의 자기 증식을 강화하는 하나의 방법인 것이다. 매뉴팩처에 고용된 노동자는 자본의 힘에 완전히 종속되어 자신의 창조 능력이나 소질을 제대로 발휘하지 못하고 소외된 노동을 한다.

이처럼 매뉴팩처는 노동에 대한 자본의 지배를 강화하여 생산력을 발전시켰다는 점에서는 역사의 진보이지만, 문명화되고 세련된 착취 방법을 통해 여러 문제점을 낳았다는 점에서는 역사의 퇴보다.

매뉴팩처가 발전하면서 노동자에 대한 자본가의 지배가 강화되었지만, 이러한 지배는 일정한 한계에 부딪친다. 매뉴팩처는 숙련 노동자와 미숙련 노동자라는 계층 구분을 낳지만, 공장에는 여전히 숙련 노동자가 훨씬 많다. 미숙련 노동은 부녀자와 아동의 노동력을 착취할 수 있는 길을 열어 주지만, 이는 또한 끊임없이 성인 남성 노동자들의 저항에 부딪친다. 어려운 전문 작업은 여전히 긴 훈련 기간을 필요로 하기 때문에, 자본가는 전문 작업을 수행할 노동자를 쉽게 구할 수가 없다. 그래서 자본가는 숙련 노동자를 완전히 지배하지 못하고 그들에게 의존해야 하며, 그들의 불복종 행위와 싸워야 한다. 그래서 이 시기에는 노동자의 규율 부족에 대한 자본가들의 불평이 그치지 않았다.

또한 매뉴팩처는 사회 전반의 생산을 완전히 장악할 수도 없고, 그것을 근본적으로 변혁할 수도 없다. 매뉴팩처는 도시의 전통적 수공업과 농촌의 가내 수공업을 기반으로 형성된 생산 방식이다. 따라서 매뉴팩처가 일정한 발전 단계에 이르면, 그것의 협소한 기술 토대는 대량 생산에 오히려 장애가 된다. 그래서 대량 생산을 위해서 본격적으로 기계를 사용하는 '기계제 대공업'이 점차 도입되기 시작한다. 이와 더불어 여기에 필요한 복잡한 기계 장치를 생산하는 매뉴팩처도 등장한다. 생산적인 노동 도구가 매뉴팩처의 작업장에서 만들어지기 시작한 것이다. 기계 도입이 널리 퍼지면서 전문 수공업 노동이 필요 없게 되자, 숙련 노동자 대신 미숙련 노동자를 많이 고용하게 되고, 그 결과 노동자에 대한 자본가의 지배를 방해하던 기술적인 장애물도 사라진다.

기계제 생산 방식이란 무엇인가?

자본주의적으로 사용되는 기계의 목적은 그 누구의 수고를 덜어 주기 위한 것이 아니다. 기계는 노동 생산성을 높임으로써 상품의 가격을 싸게 만들어 필요 노동 시간을 줄이고 잉여 노동 시간을 늘리며, 그 결과 자본가가 차지하는 몫을 늘려 준다. 기계는 잉여 가치를 생산하기 위한 수단이다.

매뉴팩처에서는 생산 방식의 변혁이 노동력에서 시작되지만, 대공업에서는 노동 수단에서 시작된다. 따라서 노동 수단으로 사용되는 '도구'가 '기계'로 어떻게 바뀌는지를 연구하는 일이 중요하다. 기계제 대공업에서 사용되는 기계와 매뉴팩처에서 사용되는 도구를 구분할 수 있는 엄밀한 경계선은 존재하지 않지만, 그 두 가지를 구분할 수 있는 일반적 특징은 존재한다. 도구는 단순하지만 기계는 복잡하다거나 도구는 인력을 사용하지만 기계는 자연력을 사용한다거나 하는 설명이 있지만, 이는 적절하지 않다. 도구와 구분되는 발달된 기계의 중요한 특징은 기계가 세 부분, 즉 동력기, 전동 장치, 작업기로 구성된다는 점이다.

동력기는 기계 장치를 움직이는 동력을 만들어 제공하는 부분이다. 그 가운데 증기 기관, 열 기관과 같이 자기 스스로 동력을 만들어 내는 것도 있으며, 수차나 풍차처럼 외부의 자연력으로부터 힘을 받아서 동력을 만들어 내는 것도 있다. 전동 장치는 동력을 조절하고 변형하여 작업기에 전달하는 장치다. 여기에는 속도를 조절하는 바퀴, 톱니바퀴, 축, 도르래, 벨트 등이 있다. 이러한 동력기와 전동 장치의 목적은 작업기를 운동시키는 것이다. 작업기는 노동 대상을 원하는 형태로 변형하는 도구다. 여기에는 망치, 톱, 드릴 등이 있다. 이러한 작업기는 18세기 산업 혁명의 출발점이 된다.

기계제 대공업에서 사용되는 작업기는 매뉴팩처에서 사용되던 작업기와 큰 차이가 없다. 그러나 이제는 그 도구가 더 이상 '인간의 도구'가 아니라 '기계 장치의 도구', 즉 '기계의 도구'가 되었다는 점에서 차이가 있다. 기계제 대공업에서 사용되는 도구는 노동자가 주체가 되어 마음대로 사용하는 도구가 아니라, 기계 장치에 부속된 기계의 도구가 된다.

단순한 도구와 기계의 차이점은 인간을 동력으로 사용하는 경우에도 눈에 띈다. 인간이 동시에 사용할 수 있는 도구의 수는 육체적 조건에 의해 제한된다. 독일에서는 처음에 한 명의 방적 노동자에게 두 손과 두 발을 이용하여 두 대의 물레를 동시에 돌리도록 해 보았다. 그러나 그것은 너무 어려웠다. 그 뒤에 발로 움직이는 두 개의 방추를 가진 물레가 발명되었으나, 두 올의 실을 동시에 뽑을 수 있는 능숙한 노동자는 거의 없었다. 이와는 다르게 여러 개의 방추를 가진 제니 방적기는 처음부터 12~18개의 방추로 동시에 실을 뽑으며, 양말 직조기는 동시에 수천 개의 바늘을 가지고 작업을 한다. 이와 같이 하나의 작업기가 동시에 움직이게 만드는 도구의 수는 인간의 육체적 한계에 따른 제약을 거의 받지 않는다.

작업기의 규모가 커지고 그 도구의 수가 많아지자 그것을 가동할 더 큰 기계 장치가 필요하게 되었으며, 이에 따라 인간의 동력보다 더 큰 동력이 필요하게 되었다. 마력은 말의 힘을 이용한 동력인데, 말은 두뇌를 가졌기 때문에 통제가 어려우며 유지 비용도 많이 들고 좁은 공장에서는 사용하기에도 불편하다. 풍력의 경우에는 바람이 일정하게 불지 않아서 통제할 수가 없다. 수력의 경우에는 물의 양을 마음대로 조절할 수 없고 계절에 따라 수량의 변화가 심하며, 지형 때문에 수력을 이용하기 어려운 지역도 있다. 그래서 등장한 것이 와트(J. Watt, 18~19세기 영국의 기계 기술자)가 발명한 증기 기관이다. 증기 기관은 석탄과 물을 사용하여 스스로 동력을 생산하며, 그 힘을 인간이 완전히 통제할 수 있고 이동이 수월할 뿐만 아니라, 지형의 제약도 받지 않아서 도시에 집중해서 설치할 수도 있다.

와트의 위대한 천재성은 그가 1784년 4월에 얻은 특허권 목록에 나타나 있는데, 거기에는 증기 기관이 특정한 목적만을 위해 발명된 기계가 아니라 대공업의 보편적 동력기라고 설명되어 있다. 예를 들면 와트는 증기 기관을 응용하여 증기 망치를 만들 수 있다고 보았는데, 이것은 50년 후에 실용화되었다.

도구가 인간의 도구로부터 기계의 도구로 바뀐 다음에, 동력 장치도 비로소 인력의 제한으로부터 완전히 해방되어 독립된 형태를 갖게 되었다. 이제 증기 기관과 같은 한 개의 동력기가 많은 작업기를 동시에 가동시킬 수 있게 되었다. 또한 운동하는 작업기의 수가 늘어남에 따라 동력 장치의 규모도 커지고, 전동 장치의 규모도 거대해졌다.

기계제 생산 방식은 어떤 제품이 서로 연관된 여러 작업기들을 연속하여 통과하면서 생산될 때 완전한 것이 된다. 기계제 생산에서는 노동자들의 분업보다는 작업기들의 분업이 중심 역할을 하며, 따라서 노동자에게 적합한 방식으로 작업이 나눠지지 않고 작업기의 동작을 중심으로 작업이 나눠진다. 매뉴팩처가 노동자의 노동 능력을 중심으로 한 분업이라면, 기계제 생산 방식은 기계의 동작을 중심으로 한 분업이다.

이러한 기계제 생산은 중앙 통제 전동 장치를 지닌 작업기들의 편성 체제에서 더욱 발전된 모습을 보인다. 여기서는 개별 기계 대신에 하나의 거대한 기계 괴물이 등장하는데, 그것의 몸체는 공장 건물 전체를 차지한다. 또한 그 마술 같은 힘은 처음에는 거대한 팔다리들의 느릿느릿하고 절도 있는 운동에 의해 잘 드러나지 않지만, 어느 정도 시간이 지나면 그 무수한 작업 도구들의 강렬한 움직임을 통해 폭발적으로 드러난다.

발명품의 수가 늘어나고 새로운 기계에 대한 수요가 커짐에 따라 기계를 제작하는 산업도 발전한다. 처음에는 매뉴팩처에서 기계를 제작했는데, 그 기계의 도움으로 대공업은 수공업과 매뉴팩처 생산을 무너뜨린다. 한 분야에서 일어난 생산 방식의 혁명은 다른 분야에서도 변화를 낳는다. 예를 들어 기계 방적업은 기계 방직업의 발전을 요구했으며, 이것은 표백이나 날염, 염색 작업에서 역학적·화학적 혁명을 요구했다. 그리고 이러한 공업 및 농업에서 이루어진 생산 방식의 혁명은 통신과 운송 수단의 혁명을 요구했다. 생산 수단인 기계에 대한 수요가 더욱 많아지면서 이제 대공업은 기계 자체를 기계로 생산할 수밖에 없게 되었다. 기계에 의한 기계의 생산이 이루어진 것이다. 이때부터 대공업은 자신에게 적합한 기술 토대를 창조했으며, 이제 자기 자신의 두 발로 서게 되었다.

자본가들은 생산성을 높이기 위해 기계를 도입한다. 그런데 이러한 기계 도입을 제한하는 조건들이 존재한다. 자본가가 생산 과정에 기계를 도입하는 이유는 생산물을 더 싸게 생산하기 위해서다. 따라서 기계 구입 비용이 기계가 대체하려는 노동력의 구입 비용보다 더 적어야 한다. 바로 이것이 기계 도입의 한계 기준이다. 이런 이유로 기계의 나라 영국에서 다른 어느 나라보다도 파렴치하고 천한 일에 인력이 낭비되고 있다. 예를 들면 돌 깨는 일에 분쇄기 대신 여성을 쓰고, 운하에서 배를 끄는 일에 말이나 기계 대신 여성을 쓴다. 하지만 이러한 한계 기준보다 기계의 구입 비용이 더 적을 경우 자본가는 생산비를 줄여 더 많은 이윤을 얻기 위해서 새로운 기계를 도입한다.

기계제 대공업이 노동자에게 미치는 영향

기계를 작동하는 데 특별히 근육의 힘이 필요하지 않은 한, 기계는 육체적으로 약한 노동자들을 이용할 수 있다. 그래서 기계 사용이 확대되면 여성과 아동 고용도 증가한다. 강력한 생산 수단인 기계는 남녀노소 구별 없이 모든 노동자 가족을 고용할 수 있게 함으로써 임금 노동자의 수를 늘리는 데 기여한다. 이제 자본가를 위한 강제 노동은 아동의 놀이 시간뿐만 아니라 가족을 위한 최소한의 가사 시간까지도 빼앗아 간다. 기계는 여성과 아동을 포함하여 노동자 가족 전체를 노동 시장에 내몰아 값싼 노동력을 더 많이 확보하게 만들고, 또한 가족의 생계 유지를 책임지던 가장의 노동력 가치를 떨어뜨림으로써 좀 더 낮은 가격으로 성인 남성의 노동력을 구입할 수 있게 만든다. 기계는 자본의 착취 대상을 넓힐 뿐만 아니라 착취 정도도 강화한다.

기계는 여성과 아동에 대한 착취를 강화하고 그들의 건강을 위협한다. 노동자 가족의 매우 높은 유아 사망률이 이러한 예를 보여준다. 1861년 통계 조사에 따르면 공장 밀집 지역의 유아 사망률은 다른 지역에 비해 2~3배가 높았다. 이렇게 사망률이 높은 원인은 주로 어머니가 공장에 취업하면서 발생한 유아에 대한 무관심과 학대, 영양 부족, 마취제 사용 때문이다. 이에 비해 여성 취업률이 낮은 지역에서는 유아 사망률이 매우 낮았다. 여성 노동과 아동 노동에 대한 자본주의적 착취 때문에 발생하는 정신적 타락에 대해서는 엥겔스(F. Engels)의 저작《영국 노동자 계급의 상태》와 다른 저술가들의 저작에 아주 자세하게 쓰여 있으므로, 나는 여기서 다만 그것을 다시 한 번 집어 주는 데 그치려고 한다.

미성년자들이 잉여 가치를 생산하는 단순한 기계가 됨으로써 지적 황폐화가 심해지자, 의회는 14세 미만의 아동을 고용한 경우 초등 교육을 시켜야 한다는 법을 제정했다. 그렇지만 이러한 교육법도 형식적이고 허술해서 제대로 지키는 공장을 거의 찾아볼 수가 없었다.

기계의 발달로 인해 아동과 여성이 대량으로 노동자 계급에 편입됨으로써 성인 남성 노동자를 대체할 수 있는 노동력이 확보되었으며, 그 결과 성인 남성 노동자가 매뉴팩처 단계에서 자본가에게 대항할 수 있었던 저항력은 약해졌다.

기계는 노동 생산성을 높이기 위한 가장 강력한 수단이지만, 다른 한편으로 노동 시간을 늘리는 가장 강력한 수단이 되기도 한다. 기계가 부분적으로 사용되는 산업 분야에서 기계를 빨리 도입한 자본가는 효율적인 생산을 통해 사회적 평균 가격보다 더 낮은 가격으로 상품을 생산할 수 있기 때문에 특별 잉여 가치를 얻을 수 있다. 그러므로 자본가들은 기계가 제작된 초기에 노동 시간을 늘려서 더 많은 잉여 가치를 얻으려고 한다. 다시 말해 기계 사용이 일종의 독점 상태에 있는 과도기 동안에는 이윤이 엄청나게 크기 때문에, 자본가는 이 '첫사랑의 시기'를 노동 시간의 연장을 통해 철저히 이용하려고 한다. 이처럼 기계는 생산성을 높여 노동 시간을 줄일 수 있는 강력한 수단이 될 수도 있지만, 자본주의 사회에서 기계는 더 많은 잉여 가치를 얻기 위해 노동 시간을 늘리는 수단으로 사용된다.

기계가 널리 보급되고 기계를 익숙하게 다루는 노동자 계급의 경험이 쌓이면 노동의 속도, 즉 노동 강도도 자연스럽게 강화된다. 영국에서는 반세기 동안 노동 시간 연장과 더불어 노동 강도도 강화되었다. 자본가들은 같은 노동 시간 안에 노동자들이 더 많은 노동력을 사용하도록 하기 위해서 노동의 긴장도를 높이고 느슨한 노동 방식을 빡빡하게 만들었다.

자본주의에서 기계는 더 많은 노동을 짜내기 위한 수단이다. 기계 도입이 확대되면서 기계의 가동 속도가 빨라지고, 노동자 1명이 담당하는 기계의 수도 많아진다. 기계의 구조를 개량함으로써 노동자들에 대한 압박을 강화하여 노동 강도를 높인 것이다. 1861년에 발표된 공장 감독관의 보고서가 이를 잘 보여 준다. "면직물이나 모직물을 생산하는 대부분의 공장에서는 최근 수년간 기계의 운전 속도가 매우 빨라졌기 때문에 노동자들은 엄청난 긴장 상태에서 일을 해야 했으며, 그 결과 폐병으로 인한 사망률이 증가했다." 노동 시간 연장이 법으로 금지되자, 자본가들은 새로운 기계를 도입하여 노동 강도를 체계적으로 강화함으로써 더 많은 잉여 가치를 얻는 데 몰두한다.

기계제 생산의 발전은 노동자의 고용을 늘리는 경향도 있지만, 다른 한편으로 노동자의 해고를 늘리는 경향도 있다. 영국의 직물 공장에서는 기계제 생산 방식이 확대되면서 취업 노동자의 수가 감소하는 경향이 있었다. 1860년부터 1865년까지 직물 공장 지역에서는 증기 직기가 11%, 방추가 3%, 증기 마력이 5% 증가했는데, 그 기간 동안에 취업자 수는 5.5% 감소했다. 1852년부터 1862년까지 영국의 양모 공업은 분명하게 성장했는데, 취업 노동자의 수는 거의 변하지 않았다. 이것은 새로 도입된 기계들로 말미암아 노동자들이 직장에서 쫓겨났다는 사실을 보여 준다. 그렇지만 기계에 의해 실제로 내쫓기거나 또는 잠재적으로 쫓겨날 수 있는 실업자들이 많아졌음에도 공장에 근무하는 노동자 수는 이전보다 더 늘어나는 경향도 있다. 왜냐하면 다른 산업 분야에서 공장을 더 많이 짓거나, 기존에 있던 공장 규모를 확대하면 공장 노동자의 수가 많아지기 때문이다.

기계제 대공업이 빠르게 발전하고 세계 시장에 대한 의존성이 커지면, 필연적으로 호황과 불황이 반복되는 경제 순환이 일어난다. 급격한 생산 확대와 이에 따른 상품의 과잉 공급, 그리고 시장 축소와 이에 따른 생산 감소가 연속해서 발생하면서 하나의 순환을 이룬다. 산업은 호황, 번영, 과잉 생산, 공황, 불황이라는 과정을 거친다. 이러한 순환 때문에 노동자들의 고용 상태나 생활 형편은 불안정하고 불확실하게 된다. 경제 상황이 가장 좋은 번영기를 제외한 모든 시기에 자본가들은 더 많은 시장을 차지하기 위해 서로 격렬하게 투쟁한다. 시장을 얼마나 차지하는지는 생산물을 얼마나 값싸게 생산하는지에 달려 있다. 따라서 자본가들은 새로운 기계를 더 빨리 도입하기 위해 치열한 경쟁을 벌일 뿐만 아니라 임금을 깎아 상품의 가격을 낮추려고 한다.

이처럼 기계제 생산은 노동자들을 공장에서 쫓아내기도 하지만, 다른 한편으로 생산의 규모가 확대되면 쫓겨난 노동자들을 다시 흡수하기도 한다. 노동자들은 해고와 고용을 반복하면서 이리저리 떠밀려 다닌다.

노동 소외와 기계 파괴 운동

거대한 기계를 사용하는 공장에서 분업은 주로 전문화된 기계들에다가 노동자들을 배치하는 형태로 이루어진다. 그래서 기계의 각 부분에 배치된 노동자들은 쭉 늘어선 같은 종류의 작업기에 붙어서 일을 하며, 그들 사이에는 단순 협업만이 이루어진다. 기계를 사용하는 작업에서 노동자는 자동 장치의 규칙적이고 연속된 운동에다가 자신의 행동을 맞추기 위해 어려서부터 훈련을 받아야 한다. 매뉴팩처에서는 동일한 작업 도구를 다루는 것이 평생의 전문직이었는데, 이제는 동일한 기계에 봉사하는 것이 평생의 전문직이 된다. 기계는 노동자를 어린 시절부터 특정 기계의 한 부분이 되도록 하는 데 이용되며, 그래서 노동자는 자본가에게 완전히 종속된다.

수공업과 매뉴팩처에서는 노동자가 도구를 사용하지만, 공장에서는 오히려 기계가 노동자를 사용한다. 공장 노동자는 거대한 기계의 부속물로 떨어진다. 엥겔스는 이와 관련하여 《영국 노동자 계급의 상태》에서 다음과 같이 말한다. "똑같은 과정을 수없이 반복하는 권태롭고 단조로운 고역, 이것은 마치 시지푸스(Sisyphus)[2]의 형벌과도 같다. 노동이라는 무거운 짐이 바위처럼, 지쳐 버린 노동자 위로 끊임없이 떨어져 내려온다." 공장 노동은 신경 계통을 매우 피로하게 만들고 근육의 일부분만을 움직이게 하며, 인간으로 하여금 자유로운 육체적·정신적 활동을 전혀 할 수 없게 한다.

공장에서는 기계의 규칙적 운동에다가 노동자를 기술적으로 종속시켜야 하기 때문에, 그리고 노동 집단이 남녀노소를 비롯하여 다양한 개인들로 구성되어 있기 때문에 병영과 같은 규율이 필요하다. 공장에서 규율이 완전한 제도로 정교하게 만들어지고 또한 감독 노동이 완전히 발전하면, 노동자들은 육체 노동자와 노동 감독자로 나누어진다. 공장 규율을 규정한 책자에는 자본가가 노동자들에게 독재 권력을 사용할 수 있는 권리가 담겨 있다. 노예 감시자의 채찍 대신에 노동 감독자의 처벌 규정집이 등장한 것이다. 물론 주요 처벌 방식은 벌금과 임금 삭감이다.

공장에 빈틈없이 설치한 기계들을 가동하는 과정에서 계속 사망자와 부상자가 나오며, 공장의 높은 온도와 먼지, 고막을 찢는 소음 때

---

2) 그리스 신화에 나오는 인물. 신들을 속여 산꼭대기까지 계속 돌을 굴려 올리는 형벌을 받았다고 한다.

문에 모든 감각 기관이 손상된다. 비용을 줄이려는 자본가들의 욕구 때문에 노동자들의 생명 활동에 필요한 공간이나 공기, 햇빛이 충분히 제공되지 않으며, 편의 시설도 거의 마련되지 않는다. 그래서 푸리에(Fourier, 18~19세기 프랑스의 사상가·공상적 사회주의자)는 공장을 '느슨한 감옥'이라고 부르기도 했다.

대공업에 기계가 도입되면서 노동자들은 이제 기계에 대항하는 투쟁을 벌인다. 전통적인 수공업이나 매뉴팩처에 종사하는 노동자들에게 새로운 기계는 자신들의 생계를 위협하는 위험한 존재다. 기계가 노동자의 경쟁 상대가 된 것이다. 영국에서는 1800년대 초반에 면방직 기계가 도입되면서 손으로 면직물을 짜던 전통적 수공업자들이 몰락했고, 그들 가운데 많은 사람이 처참하게 굶어 죽었다. 인도에서도 면방직 기계가 도입되면서 수작업으로 면직물을 짜던 방직공들이 대규모로 직업을 잃고 생계를 위협받았다. 노동 수단이 노동자를 파멸시킨 것이다. 이렇게 자본주의적 생산 양식에서는 기계와 노동자 사이에 적대 관계가 형성된다. 그래서 산업 혁명 초기에 '기계 파괴 운동'이 벌어지기도 했다.

1630년대 런던 부근에 설치된 풍력목재소가 폭도들에 의해 쓰러졌다. 1700년대 초반까지 영국에서는 의회와 민중들의 거센 저항 때문에 수력 목재소의 설립이 자유롭지 못했다. 1785년 수력으로 양털을 깎는 기계가 최초로 제작되었을 때, 10만의 실업자가 그 기계를 불태워 버렸다. 1800년대 초반에 영국의 공장 지역에서는 증기 방직기에 반대하는 대규모 기계 파괴 운동이 벌어졌다. 그렇지만 노동자들은 점차 일반적인 기계의 사용과 자본에 의한 기계의 사용을 구별하게 되면서, 기계 자체를 공격하기보다는 이러한 기계가 잘못 이용되고 있는 자본주의적 사회 형태를 공격해야 한다는 사실을 깨닫게 되었다.

물론 기계가 실업자를 늘어나게 한다는 주장에 대한 반대 의견도 있다. 한 분야에서의 기계 도입이 이러한 기계를 생산하는 새로운 분야를 만들 뿐만 아니라 여기서 파생된 새로운 생산 분야도 생겨나기 때문에 실업자를 늘리지 않는다는 것이다. 그러나 기계 도입으로 새로 고용되는 노동자의 수는 그 분야에서 생긴 실업자의 수보다 더 적은 편이다. 또한 기계로 말미암아 새로운 산업 분야가 생긴다고 해도 기존 분야에서 해고된 실업자들의 삶은 암담하다. 해고된 노동자들은 매뉴팩처 시기의 분업으로 말미암아 자기가 맡은 좁은 분야의 기술 이외에는 다른 기술을 익히지 못했기 때문에 새로운 분야로 옮기기가 매우 어려우며, 설사 취직한다고 해도 열악한 산업 부문에서나 가능하다.

새로운 기계의 도입으로 발생하는 이러한 문제들의 직접 책임은 기계 자체에 있는 것이 아니라 자본주의적 생산 양식에 있다. 즉, 기계를 자본주의적으로 사용하는 데 있다. 기계 그 자체는 노동 시간을 줄여 주지만, 그 기계를 자본주의적으로 사용하면 노동 시간이 늘어난다. 기계 그 자체는 노동을 줄여 주지만, 그 기계를 자본주의 방식으로 사용하면 노동 강도는 오히려 높아진다. 기계 그 자체는 자연력에 대한 인간의 승리지만, 그 기계를 자본주의 방식으로 사용하면 인간은 자연력의 노예가 된다. 기계 그 자체는 생산자의 부를 늘려 주지만, 그 기계를 자본주의 방식으로 사용하면 생산자는 오히려 가난해진다.

매뉴팩처와 소규모 농업의 붕괴, 공장법의 확대 적용

기계의 발달로 전통적인 수공업과 매뉴팩처는 점차 무너지기 시작한다. 애덤 스미스에 따르면, 그가 살았던 시대에는 10명이 분업을 통해 하루에 48,000개의 바늘을 만들었다고 한다. 그런데 이제는 한 대의 기계가 11시간 동안 145,000개의 바늘을 만든다. 1명의 여성 노동자가 기계 4대를 관리하며, 따라서 하루에 약 600,000개 또는 1주에 3,000,000개 이상을 생산한다. 이렇게 증기의 힘을 이용한 동력이 인간의 근육을 대신해 기계를 운전하게 되면, 수공업이나 매뉴팩처는 무너지고 그 자리에 기계제 대공업이 들어선다.

공장 제도가 발전하면서 기계제 생산의 규모도 커지고, 이에 따라 그 성격도 변화를 겪는다. 과학 기술을 활용한 기계제 생산 방식이 생산 과정에서 결정적인 역할을 하면서, 매뉴팩처에서 사용되던 기존의 조직 방식은 무너진다. 그리고 노동자들의 구성에서도 변화가 일어난다. 매뉴팩처 시기와는 달리 기계에 따른 분업으로 임금이 저렴한 여성, 아동, 미숙련공 등 값싼 노동력이 대규모로 고용된다.

이러한 산업 혁명은 모든 공업 부문으로 공장법이 확대 적용되면서 더욱 빨라진다. 공장법이 노동 시간의 길이, 휴식 및 작업의 시작 시간과 종료 시간, 아동의 교대제, 아동 고용 금지 등을 강제로 규정하자 자본가들은 이에 대처하기 위해 기계 사용을 더욱 확대하여 인간의 근육을 증기의 힘으로 대체한다. 다른 한편으로 자본가들은 노동 시간 단축으로 말미암은 손실을 메우기 위해 공동으로 이용하는 생산 수단(건물이나 난로 등)을 더욱 늘림으로써 생산 규모를 키운다. 즉, 생산 수단을 한 곳으로 더욱 집중시키게 되는데, 그에 따라 노동자들의 집결도 강화된다.

소규모로 흩어져 있던 다수의 사업체들이 대규모의 몇몇 사업체로 결합되며, 이에 따라 자본의 집중과 대공장의 지배력도 강화된다. 대자본에 의한 직접 지배가 노골화되자 이에 대한 노동자들의 직접 투쟁도 확산된다. 개별 작업장에서는 규칙과 질서가 강화되는 반면, 사회 전체로는 무정부성과 공황이 심화되고 노동자들의 투쟁도 거세진다.

공장법의 확대는 소규모 가내 수공업을 파괴함으로써 과잉 인구의 마지막 피난처를 파괴하며, 이로 말미암아 실업자가 늘어난다. 공장법 확대와 대공업 발달은 자본주의적 모순과 대립을 심화시키고, 그리하여 새로운 사회를 형성할 요소들과 낡은 사회를 타도할 세력들을 키운다.

대공업은 농업 분야에서도 혁명적인 변화를 낳는다. 대공업의 발달과 농업 기계의 사용으로 낡은 사회의 '소경영 농민'은 사라지고, 그 대신에 임금 노동자를 고용하는 대규모 농업이 증가한다. 낡고 불합리한 전통적 작업 방식은 사라지고, 그 대신에 과학 기술을 응용한 합리적인 작업 방식이 들어선다. 전통적인 소규모 농업을 기반으로 한 원시적인 가족 유대성은 자본주의적 생산 방식에 의해 완전히 해체된다. 이와 더불어 자본주의적 생산 방식은 인구를 공업 지역으로 집중시켜 도시 인구의 비중을 끊임없이 늘린다.

도시로의 인구 집중은 두 가지 결과를 낳는다. 하나는 사회 변혁을 이끌 역사적 동력인 노동자 계급을 한 곳으로 모이게 한다는 점이다. 농촌 노동자들은 넓은 지역에 흩어져 있기 때문에 결집력이나 저항력이 약한 데 비해, 도시 노동자들은 좁은 지역에 모여 있기 때문에 결집력이나 저항력을 키우는 데 유리하다. 다른 하나는 인간과 토지 사이의 신진대사를 혼란하게 만든다는 점이다. 인간이 식품과 의복으로 소비한 성분들이 토지로 되돌아가지 않으며, 따라서 토지의 생산력이 유지되기 어렵게 된다. 자본주의적 생산은 도시 노동자의 육체적 건강과 농촌 노동자의 정신생활을 다 같이 파괴한다.

자본주의적 생산은 자연스러운 신진대사 과정을 파괴하여, 신진대사를 인간의 사회적 발전에만 봉사하는 것으로 만든다. 자본주의적 농업의 진보는 농업 노동자에 대한 약탈 방식의 진보일 뿐만 아니라 토지를 약탈하는 방식의 진보다. 또한 짧은 기간에 토지의 생산력을 높이는 진보는 토지 생산력의 지속적 원천을 파괴하는 진보다. 대공업이 발달하면 할수록, 이러한 토지 파괴 과정은 그만큼 더 빠르게 이루어진다. 자본주의에서 생산력의 발전은 모든 부의 원천인 토지와 노동자를 동시에 파괴함으로써 달성된다.

자본주의적 생산 방식의 특징

노동 과정이 한 사람에 의해 수행될 경우에 그 노동자는 혼자서 다양한 기능을 담당한다. 그리고 한 개인이 자신의 생활을 위해 자연의 대상물을 가공할 때는 자신의 활동을 스스로 감독한다. 반면에 자본주의적 생산 양식에서 노동자는 자본가와 같은 다른 사람들로부터 감독을 받는다. 또한 개인들은 자신의 근육을 자신의 두뇌로 통제하면서 노동을 한다. 자연 상태에서 머리와 손이 짝이 되어 활동하듯이, 노동 과정에서는 정신 노동과 육체 노동이 함께 이루어진다. 그러나 자본주의적 생산 양식에서는 이 두 가지가 나눠지며, 심지어 적대적으로 대립하기까지 한다. 생산물이 한 개인의 직접 생산물로부터 공동의 사회 생산물로 바뀌면서 노동 과정의 협업도 더욱 강화된다. 이제 노동자는 집단 노동의 한 기관이 되어 부분 기능만 담당한다.

자본주의적 생산은 상품의 생산일 뿐만 아니라 본질적으로 잉여 가치의 생산이다. 노동자는 자신을 위해 생산하는 것이 아니라 자본가를 위해 생산한다. 그러므로 단지 상품을 생산하는 것만으로는 충분하지 않으며, 노동자는 잉여 가치도 생산해야 한다. 자본가를 위해 잉여 가치를 생산하는 노동자만이 생산적인 노동자로 여겨진다. 공업 이외의 분야에서도 마찬가지다. 교사는 학생들의 두뇌를 훈련시킬 뿐만 아니라 학교 소유자의 부를 늘려 주기 위해 헌신하는 경우에만 생산적 노동자로 여겨진다.

인류 문명의 초기에는 노동 생산성이 매우 낮았으며, 인간의 욕망도 낮은 편이었다. 더욱이 다른 사람들의 노동에 의존하여 살아가는 지배 계급은 직접 생산자들에 비해 매우 적었다. 그러다가 노동 생산성이 높아짐으로써 그러한 지배 계급도 점차 많아졌으며, 오랜 발전 과정을 거치면서 근대 자본가와 같은 지배 계급이 등장했다. 자본주의를 탄생시키는 데 밑거름이 되었던 노동 생산성은 자연의 산물이 아니라 수천 년에 걸쳐 인류가 이룩한 역사의 산물이었다.

자본주의적 생산 방식은 자연에 대한 인간의 지배를 전제로 한다. 자연이 너무 풍요로우면 인간은 지나치게 보호받는 어린아이처럼 자신을 발전시킬 어떠한 필요성도 느끼지 않는다. 자본주의가 발전한 지역은 식물이 무성한 열대 지방이 아니라 온대 지방이다. 모든 토지가 비옥한 지역이 아니라, 토양의 차이가 있고 계절의 변화가 있는 지역에서 사회적 분업이 이루어지고 노동 수단이나 노동 양식도 다양하게 발전한다. 산업의 역사에서 가장 중요한 역할을 한 요소는 자연의 힘을 사회적으로 통제해야 할 필요성이었으며, 인간의 손으로 자연의 힘을 대규모로 활용해야 할 필요성이었다. 유리한 자연 조건은 잉여 생산물을 생산할 수 있는 가능성을 제공할 뿐, 그것을 현실화시켜 주지는 않는다. 자연 조건은 잉여 노동의 한계 기준으로만 작용할 뿐이며, 산업이 발전하면 그러한 자연적 한계의 의미는 줄어든다.

7 임금의 본질과 형태

wages

가난한 노동자 가족

자본주의 사회에서 노동자의 가족은 열악한 주거 환경과 생계 유지조차 힘든 낮은 임금으로 말미암아 가난한 생활을 할 수밖에 없다. (가족을 위로하는 노동자와 노동자 가족, *Puck*, 1888)

7. 임금의 본질과 형태

· · · ·

　지금까지 마르크스는 상품, 화폐, 자본, 잉여 가치에 대해 설명했는데, 제7장에서는 임금의 본질과 형태에 대해 설명한다. 자본주의 사회에서 노동자의 임금은 노동의 가격으로, 즉 일정한 양의 노동에 대한 대가로 간주되기도 한다. 그렇지만 노동자가 받는 임금은 실제로는 노동의 가격이 아니라 노동력의 가격이다. 임금은 노동자가 자신의 노동력을 재생산하는 데 필요한 비용인 것이다. 노동자는 노동력의 가치에 해당되는 임금만을 받지만, 노동 과정에서는 그보다 더 많은 가치(잉여 가치)를 만들어 낸다. 자본가는 노동력의 가치에 해당되는 임금만을 노동자에게 지급하고 잉여 가치는 자신이 차지한다.

　임금의 형태는 다양하지만, 기본적으로는 두 가지가 있다. 하나는 노동 시간의 길이에 따라 임금을 주는 시간급제 임금이고, 다른 하나는 노동자가 생산한 생산물의 양에 따라 임금을 주는 성과급제 임금이다.

성과급제 임금 형태에서는 노동에 대한 통제나 감독이 쉽고, 노동 강도를 강화하여 노동 생산성을 높일 수 있다. 따라서 성과급제 임금은 자본주의적 생산 양식에 가장 잘 어울리는 임금 형태라고 볼 수 있다.

임금이란 무엇인가?

자본주의 사회에서 노동자의 '임금'은 '노동의 가격'으로 간주되기도 한다. 즉, 노동자가 받는 임금은 노동에 대한 대가라는 것이다. 그러나 이러한 견해는 맞지 않다. 자본가와 노동자가 시장에서 만나 상품으로 거래하는 것은 노동자의 노동이 아니라 노동력이다. 자본가는 임금을 주고 노동력이라는 상품을 구입하며, 노동자는 임금을 받고 자신의 노동력을 상품으로 판매한다. 자본가는 노동자의 노동력을 구입한 다음에 그에게 노동력을 발휘하여 실제로 노동을 하도록 한다. 노동력이 일을 할 수 있는 잠재 능력이라면, 노동은 이런 잠재 능력을 발휘하여 실제로 일을 하는 것이다.

그런데 노동자는 노동력의 가치에 해당되는 임금을 받지만 실제 노동 과정에서는 노동력의 가치보다 더 많은 가치(잉여 가치)를 만들어 낸다. 따라서 노동자가 노동력에 대한 대가로 받는 임금은 노동의 가치, 즉 노동을 통해 생산된 노동 생산물의 가치보다 더 적을 수밖에 없다. 자본가는 노동력의 가치에 해당되는 임금만을 노동자에게 지급하고, 노동 과정에서 생산된 잉여 가치는 자신이 차지한다. 이처럼 노동자가 받는 임금은 노동의 가격이 아니라 '노동력의 가격'인 것이다.

그렇다면 임금에 해당되는 노동력의 가치는 어떻게 결정되는가? 노동력도 하나의 상품이기 때문에 그것의 가치도 다른 상품의 가치와 마찬가지로 결정된다. 앞의 제1장에서도 살펴보았듯이, 상품의 가치는 그것을 생산하는 데 들어간 노동 시간에 의해 결정된다. 이와 마찬가지로 노동력의 가치도 이러한 노동력을 생산하는 데 들어가는 노동 시간에 의해 결정된다. 즉, 노동자가 자신의 노동력을 유지하기 위해 소비하는 생활필수품의 양이나 기술을 익히는 데 들어가는 비용에 의해 결정된다.

하루 노동 시간이 12시간이고 하루 노동력의 가치(임금)가 3원이며, 이러한 노동력의 가치를 재생산하는 데 6시간이 필요하다고 하자. 노동자는 노동력의 가치(임금)인 3원을 재생산하기 위해 6시간만 노동을 해도 된다. 그러나 실제로는 여기에 6시간을 더하여 총 12시간 노동을 한다. 그래서 노동자는 총 12시간 동안 자신의 노동력 가치보다 3원 더 많은 잉여 가치를 생산하여 총 6원의 가치를 생산한다. 이처럼 노동자는 자신의 노동을 통해 생산된 총 6원의 가치에 해당하는 6원의 임금을 받는 것이 아니라, 자신의 노동력 가치에 해당하는 3원의 임금만을 받는다. 총 12시간의 노동 가운데 필요 노동 시간인 6시간에 대해서는 임금의 형태로 대가가 지급되지만, 잉여 노동 시간인 나머지 6시간에 대해서는 대가가 지급되지 않는 것이다. 여기서 임금의 형태로 대가가 지급되는 노동을 '지불 노동(支拂勞動)'이라고 부르며, 대가가 지급되지 않는 노동을 '부불 노동(不拂勞動)'이라고 부른다.

그런데 자본주의 사회에서 임금 형태는 이러한 지불 노동과 부불 노동의 구분을 모호하게 만들어서, 마치 임금이 노동 전체에 대한 대가인 것처럼 착각하도록 만든다. 이에 비해 봉건 사회에서는 지불 노동과 부불 노동의 구분이 분명했다. 농노가 자신이 경작하는 농장에서 자신을 위해 노동하는 시간과 영주의 농장에서 영주를 위해 노동하는 시간이 공간적·시간적으로 분명하게 구분되었기 때문이다. 그런데 자본주의 사회에서는 이러한 구분이 분명하지 않기 때문에, 임금이 지급되지 않는 잉여 노동, 즉 부불 노동까지도 마치 임금이 지급되는 지불 노동인 것처럼 보인다. 자본주의 사회의 임금 형태 때문에 노동자의 무상 노동인 부불 노동이 분명하게 드러나지 않고 은폐된다. 우리는 이러한 은폐된 현실을 제대로 인식해야 한다. 임금은 부불 노동을 포함한 전체 노동에 대한 대가가 아니라, 일부 노동에 대한 대가일 뿐이다. 따라서 자본주의의 임금 형태는 노동 착취며, 자본가가 내세우는 정의나 공정 거래라는 말도 사실은 거짓이다.

자본가는 노동자에게 적은 임금을 주고 노동력을 구입하여 많은 노동을 시키려고 한다. 따라서 자본가는 노동력의 가격과 그것이 창조해 내는 가치 사이의 차이에만 관심을 기울일 뿐, 임금이 무엇에 대한 대가인지에 대해서는 관심이 없다. 자본가는 노동자의 노동력을 포함하여 모든 상품을 될 수 있으면 싸게 구입하려고 애쓰면서, 언제나 자신이 얻는 이윤의 원천을 단지 자신의 뛰어난 상술 덕택이라고 말한다. 자본가는 임금이 노동에 대한 대가가 아니라 노동력에 대한 대가이며, 바로 여기서 이윤이 발생한다는 점을 밝히려고 하지 않는다. 자본가는 오히려 임금의 비밀을 숨기려고 한다.

시간급제 임금

임금의 형태는 다양하지만 여기서는 두 가지 기본 형태만을 간단하게 살펴보려고 한다. 먼저 '시간급제 임금'에 대해 알아보자. 노동력 판매는 항상 일정한 기간에 걸쳐 이루어진다. 그래서 노동 시간의 길이를 기준으로 임금을 지급하는 것을 시간급제 임금이라고 한다. 노동 기간은 1일, 1주 등이 되는데, 이에 따라 시간급제 임금도 일급, 주급 등의 형태를 취한다. 이러한 임금의 가치는 '명목 임금(名目賃金)'과 '실질 임금(實質賃金)'으로 구분할 수 있다.[1)]

시간급제 임금을 측정하는 단위는 '노동 시간의 가격'이다. 즉, 1시간의 노동을 할 경우에 평균적으로 받는 임금이다. 이것은 노동력의 하루 가치를 하루의 평균 노동 시간으로 나눈 것이다. 하루의 평균 노동 시간이 12시간이고, 노동력의 하루 가치가 3원이라고 가정하자. 여기서 1시간의 노동 가격은 3/12으로 1/4원이다. 이러한 조건에서 노동자가 하루에 8시간이나 4시간만 일한다면, 그는 하루 임금으로 2원이나 1원만을 받는다. 노동자가 자신의 노동력 가치를 재생산하기 위해서는 하루에 3원의 임금을 받아야 하는데, 이 경우에는 그렇지 못하다. 그래서 노동자는 자신의 노동력을 유지하기 위한 생활 필수품을 구입하는 데 어려움을 겪는다.

이러한 문제는 노동자가 임시직과 같이 불안정한 취업 상태에 있을 때 자주 나타난다. 자본가는 노동자의 생존을 위한 임금이나 적절한 노동 시간 등은 고려하지 않고 오직 자신의 이윤 추구만을 위해서 때로는 지나치게 긴 시간의 노동을 요구하고, 때로는 지나치게 짧은 시간의 노동을 요구한다. 즉, 노동 시간이 불규칙한 것이다. 바로 이러한 문제 때문에 1860년 런던의 건설 노동자들은 이와 같은 시간

---

1) 명목 임금은 노동자가 노동력을 제공한 대가로 받는 화폐액을 가리킨다. 예를 들면 어떤 노동자가 하루 동안 일을 하고 3원의 임금을 받았다면, 그 3원이 명목 임금이 된다. 실질 임금은 임금의 가치를 다른 생활 수단과 실제로 교환할 수 있는 양의 형태로 나타낸 것이다. 예를 들면 3원의 임금으로 밀 2되를 구입할 수 있는데 물가가 상승하여 3원의 임금으로 밀 1되만 구입할 수 있다면, 명목 임금은 그대로 3원이지만 실질 임금은 절반으로 떨어진다. 따라서 임금의 가치를 측정할 때는 명목 임금뿐만 아니라 실질 임금도 제대로 따져 보아야 한다.

임금제를 강요하려는 자본가들의 시도에 반대하여 봉기를 일으켰다. 공장법을 통해 표준 노동 시간을 법으로 규정한 것은 장시간 노동을 금지할 뿐만 아니라 바로 이러한 불규칙한 노동 시간을 금지하려는 목적도 지니고 있었다.

노동 시간이 긴 산업 부문일수록 임금이 더 낮은 편이다. 1839년에서 1859년까지 20년 동안의 통계 조사에 따르면, 10시간 공장법의 적용을 받는 공장들에서는 임금이 상승했는데, 하루에 14~15시간 작업하는 공장들에서는 임금이 하락했다. 아동노동조사위원회의 제3차 보고서는 이렇게 말한다. "노동의 가격이 일정한 경우에 일급 또는 주급은 노동 시간, 즉 노동량에 의해 결정된다. 따라서 노동의 가격이 낮으면 낮을수록 노동자는 비참한 수준의 평균 임금이라도 벌기 위해 장시간 동안 더 많은 노동을 해야 한다. 낮은 노동 가격은 노동 시간을 늘리는 계기가 된다."

그런데 이러한 노동 시간의 연장이 때로는 노동의 가격을 떨어뜨리기도 한다. 만약 노동자 1명이 노동 시간을 연장하여 1.5명이나 2명분의 일을 한다면, 공장에서 필요한 노동자의 수는 줄어든다. 그래서 노동자들 사이에 취업 경쟁이 심해지고, 그 결과 노동 가격이 떨어진다. 그리고 이러한 노동 가격의 하락은 또다시 노동 시간을 늘리도록 만들기 때문에 악순환이 발생한다. 이와 같은 비정상적인 노동 가격과 노동 시간은 자본가들 사이의 경쟁을 강화하기도 한다. 자본가는 노동자에게 제대로 지급하지 않은 임금의 일부를 활용하여 상품의 판매 가격을 낮게 정할 수 있다. 그래서 자본가들 사이에 더 낮은 가격으로 상품을 판매하려는 경쟁이 발생한다. 이러한 경쟁은 처음에는 가끔씩 발생하지만, 시간이 지나면 고정된 형태로 자주 발생한다. 이제 자본가들은 낮은 판매 가격을 더 낮추기 위해서 노동 시간을 더 늘리고 임금을 더 낮추려고 시도한다.

런던의 빵 제조업자들은 크게 두 부류로 나누어진다. 한 부류는 빵을 제값대로 팔고, 다른 한 부류는 정상 가격보다 낮은 헐값으로 판다. 빵을 제값대로 파는 제조업자들은 빵을 헐값으로 파는 제조업자들을 다음과 같이 비난한다. "첫째, 그들은 불량 빵을 제조하여 소비자들을 기만한다. 둘째, 그들은 직공들에게 12시간의 임금만을 주고 18시간의 노동을 시킨다. 그들은 부불 노동을 토대로 헐값에 빵을 팔면서 경쟁을 한다. 그리고 이러한 경쟁으로 말미암아 야간 노동이 폐지되지 않고 계속 이어지고 있다. 헐값으로 빵을 파는 사람들은 자기의 직공들로부터 더 많은 양의 노동을 짜냄으로써 자신의 손실을 보상한다. 물론 노동자들이 지나친 노동에 대한 임금 지불을 요구한다면 이러한 문제는 사라질 것이다. 그러나 그러한 빵 제조업체에 고용된 노동자들이 대부분 외국인과 아동들이기 때문에 이들은 낮은 임금이라도 받을 수밖에 없는 처지다."

이렇게 지나친 노동 시간을 통해 비정상적인 방식으로 노동자들을 착취하는 자본가들에 대해서는 비난의 소리가 높다. 그러나 정상적인 방식으로 임금을 지불한 자본가들도 노동의 가치 전체에 대해 임금을 지불한 것은 아니다. 이 경우에도 대가를 지급하지 않은 부불 노동(잉여 노동)이 있으며, 바로 이것이 자본가의 이윤을 만들어 내는 원천이 된다. 따라서 이 경우에도 노동 착취가 이루어진다는 점을 명심해야 한다.

성과급제 임금

시간급제 임금이 노동력의 가치가 그 형태를 바꾼 것에 불과하듯이, '성과급제 임금'도 시간급제 임금이 그 형태를 바꾼 것에 불과하다.[2] 겉모습만 보면 성과급제 임금은 시간급제 임금과 전혀 다른 것처럼 보이지만, 이것은 착각이다. 우리가 이러한 착각을 일으키는 원인 가운데 하나는 같은 산업 부문에서도 이 두 가지 임금 형태가 동시에 존재하기 때문이다. 예를 들면 런던의 인쇄공들은 대체로 성과급제 임금을 받지만, 지방의 인쇄공들은 대체로 시간급제 임금을 받는다. 런던의 마구 제조 공장에서도 프랑스인들은 성과급제 임금

---

2) 시간급제 임금이 노동 시간의 길이를 기준으로 임금을 지급한다면, 성과급제 임금에서는 노동자가 생산한 생산물의 양을 기준으로 임금을 지급한다. 노동자가 생산물을 많이 생산할수록 임금도 많아지며, 적게 생산할수록 임금도 적어진다. 이렇게 노동의 성과를 기준으로 임금을 지급하는 것을 성과급제 임금이라고 한다.

을 받고, 영국인들은 시간급제 임금을 받는다. 그렇지만 이러한 임금 형태의 차이에도 불구하고 임금의 본질은 같다.

일반적으로 노동자가 12시간 동안 일을 하여 24개의 생산물을 생산한다고 하자. 그리고 총생산물의 가치에서 불변 자본의 가치를 빼면 6원의 가치가 남으며, 노동자가 받는 임금은 3원이라고 하자. 이 경우에 불변 자본의 가치를 뺀 생산물 한 개의 가치는 6/24=1/4원이며, 노동자는 한 개를 생산할 때 3/24=1/8원의 임금을 받는다. 불변 자본을 뺀 생산물 한 개의 가치는 1/4원이지만 노동자가 이것을 생산한 대가로 받는 임금은 1/8원이다. 즉, 노동자는 자신의 노동력이 생산한 가치 가운데 절반만을 임금으로 받는 것이다. 따라서 성과급제 임금 형태에서도 시간급제 임금 형태와 마찬가지로 노동 착취가 일어난다.

시간급제 임금에서 필요 노동 시간이 6시간이고 잉여 노동 시간이 6시간일 경우 노동자가 자신의 노동 시간 가운데 절반만을 임금으로 받듯이, 성과급제 임금에서도 노동력이 1/4원의 가치를 생산했는데 1/8원의 임금만 지급된다면, 그 노동자는 자신이 생산한 가치 가운데 절반만을 임금으로 받은 것이다. 시간급제 임금에서는 노동량이 노동 시간에 의해 측정되지만, 성과급제 임금에서는 노동량이 생산물의 양에 의해 측정된다. 하지만 노동 시간의 가격은 결국 하루 노동의 가치(노동 생산물의 가치)에서 하루 노동력의 가치(노동자의 하루 생계비)를 뺀 것에 의해 결정된다. 그러므로 성과급제 임금은 시간급제 임금과 본질적으로 같으며, 다만 그 형태에서 차이가 있을 뿐이다.

이제 성과급제 임금의 특징을 좀 더 자세하게 살펴보자. 성과급제 임금에서는 노동의 질이 생산물을 통해 통제된다. 왜냐하면 노동자가 자신의 생산물에 대한 대가로 임금을 받으려면 그 생산물이 평균적인 품질을 가져야 하기 때문이다. 성과급제 임금은 자본가들에게 노동 강도를 측정하는 가장 확실한 잣대가 된다. 예를 들어 런던의 재봉 공장에서는 저고리와 바지를 각각 1시간과 1/2시간이라고 부르며, 그 1시간은 1/2원으로 계산된다. 즉, 경험에 의해 1시간의 평균 생산물이 몇 개인지 거의 결정된다. 그래서 만약 노동자가 평균적인 작업 능력을 갖지 못해 하루에 일정한 양의 제품을 생산하지 못하면 해고된다. 여기서는 노동의 질과 강도가 생산물의 양에 의해 결정되므로 노동에 대한 통제나 감독이 거의 필요하지 않다. 노동자는 더 많은 임금을 받기 위해 스스로 자신의 노동력을 집중해서 사용하며, 그러한 상황에서 자본가는 노동의 표준 강도를 더 쉽게 강화하여 더 많은 이윤을 얻을 수 있다.

시간급제 임금에서는 거의 같은 기능의 작업에 대해 같은 임금이 지급되기 때문에 개인 차이가 별로 없다. 이에 비해 성과급제 임금에서는 노동자들의 숙련도, 체력, 지구력 등에 따라서 임금 차이가 크게 생긴다. 성과급제 임금은 한편으로는 노동자들이 자유롭고 독립적으로 생산 활동에 전념하도록 하지만, 다른 한편으로는 노동자들 사이에 경쟁심을 불러일으킨다. 성과급제 임금을 따르는 경우 개인에게는 노동 생산성이 높아져 임금이 올라가는 경우도 있지만 그렇지 못한 경우도 있기 때문에, 전체로 보면 임금 수준이 높아진다고 할 수는 없다.

따라서 성과급제 임금은 자본주의적 생산 양식에 가장 잘 어울리는 임금 형태라고 볼 수 있다. 성과급제 임금은 이미 14세기 프랑스와 영국에서도 시행되었는데, 그것이 여러 부문에서 본격적으로 시행된 것은 매뉴팩처 시대부터다. 특히 기계제 대공업이 빠르게 확산되던 1797년부터 1815년까지는 성과급제 임금이 노동 시간 연장과 임금 인하를 위한 지렛대로 이용되었다. 그 당시에 맬서스(Malthus, 18~19세기 영국의 고전파 경제학자)는 이러한 문제를 다음과 같이 지적했다. "나는 성과급제 임금이 광범위하게 보급되는 것을 불만스럽게 생각한다. 하루 12~14시간 또는 그보다 더 긴 시간의 고된 노동은 사실 어떤 사람에게나 너무 지나친 것이다." 바로 이러한 문제들 때문에 노동자들은 성과급제 임금 형태를 둘러싸고 자본가와 투쟁을 벌이기도 했다.

8
자본의 축적 과정

capital

유랑하는 노동자

자본주의 초기 토지에서 쫓겨난 농민들은 대부분 거지, 도둑, 부랑자 등 극빈자가
되어 떠돌았다. 1530년 제정된 '피의 법률'은 부랑 생활을 하는 사람들을 체포해
태형에 처하거나, 세 번 이상 체포되면 사형에 처하도록 했다. 농민들은 폭력적으
로 토지에서 쫓겨나 부랑자 신세가 되었으며, 그다음에는 무시무시한 피의 법률에
의해 채찍으로 맞고 고문을 당했다.

8. 자본의 축적 과정

. . . .

　마르크스는 제5장과 제6장에서 자본가들이 노동 시간을 연장하여 절대적 잉여 가치를 얻거나, 또는 매뉴팩처나 기계제 대공업을 도입하여 노동 생산성을 높임으로써 상대적 잉여 가치를 얻는 과정에 대해 설명했는데, 제8장에서는 이렇게 얻은 잉여 가치가 자본으로 바뀌어 자본 축적이 이루어지는 과정을 분석한다. 자본가는 잉여 가치를 개인적으로 모두 소비하지 않고 그 일부분을 생산 과정에 다시 집어넣어 자본을 축적한다. 이러한 과정을 여러 번 거치면 생산 규모가 커지는데, 이것을 확대 재생산이라고 한다.

　자본주의 사회에서는 실업자와 같은 산업예비군이 항상 존재하기 때문에 자본가들은 이들을 저임금으로 고용하여 많은 이윤을 남긴다. 자본의 시초 축적은 봉건 영주들이 농민들의 토지를 강제로 빼앗으면서 시작된다. 토지에서 쫓겨난 농민들은 생존을 위해 자신의 노동력을 팔아야 하는 임금 노동자로 변신하며, 봉건 영주들은 그러한 노동자들을 고용하여 양모를 생산하는 자본가로 변신한다. 여기서 노동자와 자본가라는 자본주의적 생산 관계가 형성되어 계속해서 그 관계가 재생산된다. 자본 축적이 더욱 빨라지면 대자본이 형성된다. 대자본은 사회적 생산과 사적 소유라는 자본주의의 모순을 더욱 심화시킴으로써 자본주의를 붕괴의 위기로 몰아넣는다.

단순 재생산

사회가 소비를 멈출 수 없듯이 생산도 멈출 수 없기 때문에 생산 과정은 연속해서 이어져야 한다. 사회를 유지하기 위해서는 생산 과정이 한 번의 순환 과정으로 그쳐서는 안 되며, 계속해서 반복되어야 한다. 하나의 생산 과정은 다음의 생산 과정을 위한 전제 조건을 만들어 내야 한다. 이러한 측면에서 보았을 때 '생산 과정'은 동시에 '재생산 과정'이다.

'단순 재생산'은 생산의 규모를 확대하는 것이 아니라 이전과 같은 규모를 그대로 유지하는 것이다. 사회가 같은 규모로 재생산을 유지하기 위해서는 일정 기간 동안 생산 과정에서 소비된 생산 수단과 같은 양의 새로운 생산 수단이 계속 보충되어야 한다. 따라서 자본가는 일정 기간 동안 만든 생산물을 모두 개인적으로 소비하지 않고, 그 가운데 일정량을 보존하여 생산 과정에 다시 집어넣는다. 상품 판매를 통해 얻은 수입 가운데 생산에 소비된 비용은 다시 재생산 과정에 들어가지만, 잉여 가치는 재생산 과정에 들어가지 않고 자본가의 개인 소비에 이용된다. 그러므로 생산 수단과 노동력의 규모는 이전 상태 그대로 유지되는데, 이것을 단순 재생산이라고 한다.

자본주의적 생산 양식은 상품이나 잉여 가치를 재생산하면서 동시에 자본가와 노동자의 생산 관계도 재생산한다. 생산물을 재생산하는 과정에서 자본가는 재투자를 통해 생산 수단을 그대로 유지할 수 있으며, 노동력을 구입할 수 있는 능력도 그대로 유지할 수 있다. 반면에 노동자는 자신의 노동력을 유지할 수 있는 비용만을 임금 형태로 받기 때문에 생산 수단을 구입할 수 있는 자본을 축적할 수 없다. 이처럼 자본주의적 생산 방식은 노동력과 생산 수단을 계속 분리함으로써 자본가가 노동자를 착취하기 위한 조건도 재생산한다.

자본주의적 생산 방식에서 노동자는 생존을 위해 자신의 노동력을 팔도록 끊임없이 강요당하며, 자본가는 부를 쌓기 위해 끊임없이 노동력을 구입한다. 자본가와 노동자가 시장에서 노동력의 구매자와 판매자로 만나는 것은 이제 단순한 우연이 아니다. 생산 과정 자체가 노동자를 노동력의 판매자로 만든다. 사실 노동자는 자신의 노동력을 자본가에게 판매하기 이전에 이미 자본주의적 생산 관계 속에 들어와 있다. 그런데 이런 경제적 예속 관계는 노동자 자신이 자유롭게 노동력을 판매하고 고용주를 바꿀 수 있다는 사실 때문에 때로는 가

려지기도 한다. 이처럼 상품을 재생산하는 과정에서 자본가와 노동자의 관계, 즉 자본주의적 생산 관계도 재생산된다.

확대 재생산(자본 축적)

지금까지 우리는 잉여 가치가 어떻게 자본으로부터 발생하는지를 연구했는데, 이제는 자본이 어떻게 잉여 가치로부터 발생하는지를 연구해야 한다. 생산 과정에서 만들어진 잉여 가치를 자본가가 생산 과정에 다시 집어넣어 자본의 규모를 키우는 것, 즉 잉여 가치가 자본으로 바뀌는 것을 '자본 축적'이라고 한다. 자본 축적은 생산 수단이나 노동력을 추가로 구입하여 불변 자본이나 가변 자본의 총량을 늘리는 방식으로 이루어진다. 자본 축적을 통해서 자본의 규모가 커지면 생산의 규모도 확대되는데, 이것을 '확대 재생산'이라고 한다. 생산의 규모가 이전과 똑같이 유지되는 것이 단순 재생산이라면, 생산의 규모가 이전보다 더 커지는 것은 확대 재생산이다.

자본 축적을 위해서는 잉여 생산물의 일부를 자본으로 바꿀 필요가 있다. 자본을 축적하려면 자본가는 잉여 가치의 일부를 개인적으로 소비하지 않고 생산 과정에 다시 집어넣어야 한다. 즉, 자본가는 상품 판매를 통해 얻은 수입 가운데 불변 자본과 가변 자본에 해당되는 부분뿐만 아니라 잉여 가치에 해당되는 부분도 추가로 생산 과정에 집어넣어, 생산 수단이나 노동력을 추가로 구입해야 한다. 그런데 이러한 자본 축적을 위해서는 잉여 생산물 또는 잉여 가치가 이미 존재해야 하는데, 이것은 노동자에 대한 착취를 통해 가능하다.

자본가는 인격화된 자본으로서 행동할 때만 자본가로서의 역사적 가치와 역사적 생존권을 갖는다. 자본가는 더 많은 이윤을 얻으려는 자본의 논리를 충실히 대변할 때만 자본가로서의 존재 의미가 있다. 따라서 자본가의 활동 동기는 소비나 향락이 아니라 잉여 가치 획득과 자본 축적이다. 자본가는 자본 축적을 열광적으로 추구하며, 이를 위해서 사람들에게 '생산을 위한 생산'을 강요한다. 자본가는 인격화된 자본으로서 행동할 때만 존경을 받는다.

자본가는 구두쇠와 마찬가지로 부를 축적하려는 욕구를 갖고 있다. 그런데 구두쇠의 욕구가 개인적인 것이라면, 자본가의 욕구는 자본주의의 사회 구조에서 발생한 것이기 때문에 사회적인 것이다. 기업은 더 많은 잉여 가치를 만들어 내기 위해 끊임없이 새로운 기술과 생산 설비를 도입하며, 따라서 다른 기업들도 경쟁에서 살아남기 위해 투자를 확대할 수밖에 없다. 자본주의적 경쟁 체제 때문에 자본 투자가 확대되고, 그 결과 확대 재생산도 강화될 수밖에 없다.

자본주의 초기에 자본가들은 부의 축적과 탐욕에 몰두했다. 자본주의가 더욱 발전하면서 향락의 세계가 형성되었으며, 자본가들은 자신의 부를 과시하기 위해 어느 정도 사치와 낭비를 했다. 자본가들은 파우스트처럼 부를 축적하려는 욕구와 향락적 소비 욕구를 동시에 갖기 때문에 마음의 갈등을 겪기도 한다. "축적하라, 축적하라! 절약하라, 절약하라! 잉여 가치 가운데 가능한 한 많은 부분을 자본으로 바꿔라! 축적을 위한 축적, 생산을 위한 생산!" 고전파 경제학자들의 이 구호는 자본가 계급의 역사적 사명을 잘 표현해 준다. 이들의 관점에서 볼 때, 노동자는 잉여 가치를 생산하는 기계이며, 자본가는 이러한 잉여 가치를 자본 축적으로 바꾸는 기계다.

확대 재생산 과정에서 자본의 축적 규모는 잉여 가치 가운데 얼마만큼을 자본으로 투자하고, 얼마만큼을 소비로 사용하는지 그 비율에 의해 결정된다. 자본가는 잉여 가치 가운데 일부분을 개인 소비로 사용하고, 다른 부분을 자본 축적에 사용한다. 따라서 잉여 가치의 총량이 일정하다면, 개인 소비와 자본 축적 사이의 비율에 의해 확대 재생산 규모가 결정된다. 자본가가 잉여 가치를 개인적으로 적게 쓸수록 자본의 축적 규모는 더욱 커진다. 또한 자본의 축적 규모는 잉여 가치율, 즉 노동력의 착취 정도에 의해 결정된다. 잉여 가치율이 높을수록 잉여 가치의 총량도 증가하기 때문에 자본의 축적 규모도 커진다. 잉여 가치 가운데 20%가 개인적으로 소비되고, 80%가 자본으로 축적된다고 하자. 만약 잉여 가치율이 2배로 높아져서 잉여 가치의 총량이 1,500원에서 3,000원으로 증가한다면, 자본으로 축적되는 규모도 1,200원에서 2,400원으로 증가한다.

자본가는 더 많은 자본을 축적하기 위해 잉여 가치율을 높이려고 하기 때문에 노동자에 대한 착취도 강화된다. 어떤 자본가는 임금을 깎아서 노동력의 가치보다 더 적은 임금을 주고, 여기서 얻은 이익을 자본 축적에 사용하기도 한다. 이러한 임금 인하는 사실상 노동자에게 필요한 소비 재원을 자본의 축적 재원으로 바꾸는 행위다. 이처럼 자본가는 항상 임금을 가장 낮은 수준으로 유지하려는 경향을 보인다.

18세기에 상공업에 관한 책을 쓴 어떤 저술가는, 영국의 역사적 사명이 영국 노동자들의 임금을 프랑스나 네덜란드 수준까지 떨어뜨리는 것에 있다고 하면서 다음과 같이 말했다. "프랑스에서는 노동의 값이 영국보다 1/3이나 싸다. 왜냐하면 프랑스 빈민들은 열심히 노동하면서도 음식과 의복은 보잘것없기 때문이다. 그들의 주요 식량은 빵, 과일, 야채, 풀뿌리 등이다. 그들이 고기를 먹는 일은 아주 드물며, 밀 값이 비쌀 때는 빵도 아주 적게 먹는다." 18세기 말과 19세기 초 영국에서 토지를 임대한 농업 경영자와 지주들도 농업 노동자들에게 생계에 필요한 가장 낮은 수준의 임금만을 주고, 나머지는 교회 구호금 형태로 줌으로써 가장 낮은 임금 제도를 유지했다.

또한 자본의 축적 규모는 노동 생산성의 영향을 받기도 한다. 노동 생산성이 높아지면 잉여 가치의 총량이 증가하기 때문에 자본 축적도 증가한다. 그리고 노동 생산성이 높아짐으로써 추가로 투자한 자본의 가치가 감소하더라도, 전체 투자 규모가 증가하여 이를 상쇄하기 때문에 자본의 축적 규모는 전체적으로 커진다.

그리고 노동 수단의 가치가 생산물로 옮겨지는 속도가 느리면, 자본의 축적 규모는 커진다. 예를 들어 건물, 기계, 배수관과 같은 노동 수단은 조금씩 마모되면서 그 가치를 생산물로 옮긴다. 노동 수단에 들어간 자본의 규모는 매우 크지만, 실제로 가치가 옮겨가면서 소비되는 자본의 규모는 매우 작다. 따라서 이 경우에는 노동 수단에 투자된 많은 자본이 오랜 시간 동안 거기에 머물러 있기 때문에 자본의 축적 규모가 증가한다.

자본 축적의 일반 법칙

자본은 생산 수단에 들어간 불변 자본과 노동력에 들어간 가변 자본으로 구성되는데, 이 두 가지는 서로 긴밀하게 연결되어 있기 때문에 이것을 '자본의 유기적 구성'이라고 한다. 일반적인 상황에서 불변 자본과 가변 자본의 구성 비율이 변하지 않는다고 가정하면, 자본 축적이 증가할수록 노동력에 대한 수요도 증가한다. 왜냐하면 자본 축적이 증가하면 생산 수단의 규모가 커지고, 이와 더불어 생산 수단을 작동하는 노동력의 규모도 커지기 때문이다. 일반적인 상황에서 자본 축적은 생산 규모를 확대하며, 이에 따라 여기에 필요한 노동 인구도 많아진다. 즉, 한 끝에서는 더 많은 자본가 또는 더 큰 자본가를, 다른 끝에서는 더 많은 임금 노동자를 재생산한다.

노동 생산성이 높아지면 생산 수단에 대한 재투자도 증가하고, 생산 수단에 대한 재투자가 증가하면 노동 생산성도 높아진다. 따라서 노동 생산성의 증가와 생산 수단에 대한 투자 증가는 상호 작용의 관계에 있다. 이렇게 노동 생산성이 높아지면 생산 수단에 대한 투자는 증가하지만, 노동력의 증가량은 적은 편이다. 따라서 생산 수단의 양에 비해 노동력의 양은 상대적으로 감소한다. 예를 들어 어떤 자본이 생산 수단에 50%를 투자하고, 노동력에도 50%를 투자했다고 하자. 그런데 노동 생산성이 높아져서 생산 수단에 80%를 투자하고 노동력에 20%를 투자하게 되면, 노동력의 비율은 상대적으로 감소한다. 이처럼 생산 수단의 증가와 더불어 자본 축적이 증가하면, 자본의 구성 비율에서도 불변 자본은 증가하고 가변 자본은 상대적으로 감소한다. 즉, 자본 가운데 노동력에 투자된 자본의 비율은 감소한다. 이것을 '자본의 유기적 구성의 고도화'라고 한다. 그렇다고 이것이 고용된 노동자의 수가 절대적으로 감소한다는 의미는 아니다. 왜냐하면 노동력에 들어간 자본의 상대적 비율이 줄어든다 할지라도, 전체 자본의 투자 규모가 증가한다면 거기에 고용된 노동자의 수가 늘어날 수도 있기 때문이다.

자본 축적이 확대되면 불변 자본의 비율은 증가하고, 가변 자본의 비율은 감소하는 방식으로 자본 구성이 변한다. 처음에는 불변 자본 대 가변 자본의 비율이 1:1이었으나 점차 2:1, 3:1, 7:1 등으로 바뀐다. 그리고 이러한 변동 과정에서 자본이 필요로 하는 노동력보다 더 많은 '상대적 과잉 인구', 즉 실업자나 잠재적 실업자가 발생한다. 물론 자본 축적으로 말미암아 고용되는 노동력의 절대량이 증가할 수도 있지만, 자본은 좀 더 싼 가격으로 노동력을 구입하기 위해서 항상 상대적 과잉 인구를 만들어 낸다. 이는 자본주의적 생산 양식에만 독특하게 존재하는 인구 법칙이다.

이러한 실업자나 잠재적 실업자는 언제든지 산업 분야에 들어갈 수 있도록 대기하고 있는 일종의 '산업 예비군'이다. 자본이 필요로 하는 것보다 상대적으로 더 많이 존재하는 노동 인구는 자본의 가치 증식에 이용되는 인간 원료다. 산업 예비군이 존재하기 때문에 자본가는 노동자를 언제든지 해고하고 언제든지 고용할 수 있으며, 또한 산업 예비군들 사이의 경쟁 때문에 더 낮은 임금으로 노동자를 고용할 수 있다. 따라서 산업 예비군은 자본 착취를 더욱 강화하는 저수지 역할을 한다.

상대적 과잉 인구, 즉 산업 예비군은 다양한 형태로 존재한다. 대체로 과잉 인구는 세 가지 형태, 즉 유동적 형태, 잠재적 형태, 정체적 형태로 존재한다. 공장이나 광산 등에서 해고와 고용이 자주 반복되면, 노동자들은 같은 산업 분야나 작업장에서 안정된 근무를 하지 못하고 유동적 상태에 있게 된다. 그리고 농업 분야에서 자본주의화가 진행되면 일자리를 빼앗긴 농민들은 도시의 프롤레타리아(노동자)가 될 가능성이 있다. 농촌 인구가 끊임없이 도시로 이동한다는 것은 농촌 안에 항상 잠재적 과잉 인구, 즉 잠재적 실업자가 있다는 것을 의미한다. 또한 불안정한 임시 고용 상태에 있는 노동자들도 있는데, 이들을 정체적 과잉 인구라고 한다. 이 정체적 과잉 인구는 대공업과 농업에서 발생한 과잉 노동자들에 의해 끊임없이 보충되며, 특히 몰락하는 공업 부문에서 보충된다. 이렇게 자본의 축적 규모가 커질수록 자본이 마음대로 이용할 수 있는 산업 예비군의 규모도 커지며, 그들의 가난과 고통도 심해진다. 이렇게 자본 축적이 늘어남에 따라 산업 예비군의 숫자도 늘어나고 그들의 빈곤도 축적되는 것을 '자본 축적의 절대적인 일반 법칙'이라 부른다.

1863년 영국의 국왕 직속 기관인 추밀원은 낮은 임금을 받는 노동자 계급의 비참한 처지를 조사하라고 명령했다. 조사 대상에는 농업 노동자를 비롯하여 재봉이나 가죽 장갑, 양말, 신발 등을 제조하는 노동자들이 포함되었다. 이 조사의 결론은 다음과 같다. "도시 노동자 가운데 단백질 섭취량이 최저 기준을 조금이나마 넘은 경우는 한 부류에 불과했고, 다른 한 부류는 겨우 최저 기준에 도달했으며, 나머지 두 부류는 단백질이나 탄수화물 섭취가 모두 부족했는데 그 가운데 한 부류는 대단히 부족했다."

농업 노동자들 가운데는 영국의 가장 부유한 지역인 잉글랜드에 사는 농업 노동자들의 영양 상태가 가장 나빴다. 특히 부인과 아이들의 영양 상태가 가장 나쁜데, 그 이유는 "성인 남자는 일을 하기 위해 먹어야 했지만" 부인과 아이들은 그렇지 못했기 때문이다. 도시 노동자의 영양 상태는 더 나쁜 편이었다. "그들의 영양 상태는 대단히 나빠서 많은 경우가 건강을 해치는 비참한 궁핍 상태에 있었다." 이 모든 것은 자본가들이 더 많은 자본을 축적하기 위해서 노동자들에게 생명을 이어가는 데 필요한 최소한의 임금만을 지급하기 때문에 벌어진 일들이다.

기계제 대공업의 발달과 더불어 생산 수단의 집중이 심해질수록 노동자들도 일정한 공간에 더 많이 집중된다. 따라서 자본 축적이 빠르면 빠를수록 노동자들의 주택 사정도 더욱 빠르게 나빠진다. 불량 주택 지역의 철거, 은행과 백화점의 건설, 마차나 전차를 위한 도로 확장과 같은 도시 재개발 사업은 빈민들을 더욱 불결하고 비좁은 빈민굴로 몰아낸다. 집세는 더욱 비싸지고, 주택 투기꾼들은 적은 돈을 들여 많은 불로 소득을 얻는다. 공업 도시나 상업 도시에서 자본 축적의 속도가 빨라질수록 더 많은 인구가 도시로 갑자기 밀려들어오며, 이에 따라 주택 문제는 더욱 심각해진다.

대부분 농촌 출신으로 구성된 '유랑 노동자'는 자본의 필요에 따라 이리저리 던져진다. 이들은 각종 건설 공사와 배수 공사, 벽돌 생산,

철도 공사 등에 고용된다. 이런 유랑 노동자들이 거주하는 곳에는 천연두나 콜레라 같은 각종 전염병이 자주 유행한다. 철도 건설과 같이 대규모 자본이 투자되는 사업에서는 대개 청부업자가 노동자들에게 나무로 지은 임시 숙소를 제공하는데, 이렇게 갑자기 세워진 숙소들은 위생 시설이 전혀 갖추어지지 않으며, 지방 당국의 통제도 받지 않는다. 자본 축적이 대규모로 이루어질수록 열악한 환경 에서 일하는 유랑 노동자의 수는 더욱 증가한다.

자본의 시초 축적 과정 I : 토지 수탈과 억압적 법률

지금까지 우리는 화폐가 어떻게 자본으로 바뀌는지, 자본은 어떻게 잉여 가치를 생산하는지, 그리고 잉여 가치로부터 어떻게 자본 축적이 이루어지는지에 대해 살펴보았다. 이제 여기서는 이러한 자본이 역사적으로 처음 형성되는 과정을 살펴보겠다.

자본 축적은 잉여 가치를 전제로 하고, 잉여 가치는 자본주의적 생산을 전제로 하며, 자본주의적 생산은 상품 생산자들이 상당한 양의 자본과 노동력을 가지고 있다는 점을 전제로 한다. 따라서 자본주의적 생산이 이루어지기 위해서는 최초에 자본의 축적 과정이 있어야 하는데, 이것을 '시초(始初) 축적' 또는 '원시(原始) 축적'이라고 한다. 자본의 시초 축적이란 이미 확립된 자본주의적 생산 방식 속에서 확대 재생산을 통해 자본을 축적하는 것이 아니라, 이러한 자본주의적 생산 방식의 출발점이 되는 최초의 자본 축적을 말한다.

자본의 시초 축적을 위해서는 화폐나 상품이 자본으로 바뀌어야 한다. 이를 위해서는 자본 관계, 즉 자본과 임금 노동의 관계가 성립되어야 한다. 즉, 화폐와 생산 수단을 갖고 있으면서 가치 증식을 위해 노동력을 구입하려는 자본가와 생산 수단을 갖고 있지 못해 자신의 노동력을 판매해야 하는 자유로운 노동자가 있어야 한다. 이러한 자본가와 노동자의 분리는 생산 수단과 생산자의 분리라고 할 수 있는데, 이러한 분리가 이루어져야 자본의 시초 축적이 가능하다. 즉, 자본가와 노동자가 분리되면서 최초의 자본이 형성되기 시작한다.

자본주의 사회는 봉건제 사회가 해체되면서 형성되었다. 봉건제의 영주와 농노라는 관계가 무너지면서 근대 임금 노동자가 탄생한 것이다. 직접 생산자인 노동자는 토지에 얽매이지도 않고, 또한 노예나 농노처럼 신분 구속도 받지 않기 때문에 자유롭게 자신의 몸을 처분하거나 판매할 수 있다. 그리고 노동자는 중세 동업 조합인 길드의 규제도 받지 않는다. 임금 노동자는 농노제의 예속과 길드의 속박으로부터 해방되어 자유를 얻는다. 그렇지만 다른 한편으로 임금 노동자는 토지나 공장, 생산 도구와 같은 모든 생산 수단을 빼앗긴 상태에 있다. 따라서 임금 노동자는 생존을 위해서 어쩔 수 없이 자신의 노동력을 팔아야 한다.

자본의 시초 축적을 가장 잘 보여 주는 것은 봉건 영주가 폭력적으로 농민의 토지를 빼앗아 그들을 무일푼의 노동자로 만든 일이다. 15세기 후반과 16세기 초반 영국에서는 봉건적 가신(家臣) 집단이 해체되면서 무일푼의 노동자가 대량으로 발생하여 노동 시장에 들어왔다. 왕권이 절대 권력을 강화하면서 이러한 봉건적 가신 집단의 해체를 촉진하기도 했지만, 이것이 해체의 유일한 원인은 아니었다. 오히려 봉건 영주들이 왕권과 의회에 완강하게 대항하면서, 토지 소유권을 갖고 있던 농민들을 토지로부터 쫓아냄으로써 봉건제는 급격하게 해체되었다. 봉건 영주들이 농민들의 토지를 빼앗자, 여기서 쫓겨난 농민들은 생계를 위해 자신의 노동력을 파는 임금 노동자 신세가 되었다.

이러한 일에 직접 자극을 준 것은 플랑드르에서 양모 매뉴팩처의 발달과 이로 말미암은 양모 가격의 폭등이었다. 봉건 영주들은 양모 산업이 발전하자 더 많은 이익을 남기기 위해서 농사를 짓던 경작지를 양을 키우는 목초지로 바꾸려고 했다. 그래서 그동안 경작지에서 농사를 짓던 농민들을 쫓아내고 그 대신에 양을 키우기 시작했다. 양을 키우기 위해 목초지에 울타리를 만들었다고 해서 이것을 '인클로저(enclosure)'라고 부른다. 1489년 헨리 7세가 제정한 법령은 다음과 같은 점을 지적한다. "수많은 농장과 가축, 특히 양이 몇몇의 손아귀에 집중되었으며, 이로 말미암아 경작은 크게 쇠퇴하고 교회와 가옥들은 파괴되었으며, 수많은 사람들이 자신과 가족의 생계를 유지하는 데 사용했던 생산 수단을 빼앗겼다." 이 과정에서 많은 농민들이 토지로부터 쫓겨나 임금 노동자가 되었다. 반면에 봉건 영주들은 노동자를 고용하여 양모를 생산하는 자본가로 변신했다.

봉건 영주들이 무자비한 폭력으로 교회 재산을 약탈하고, 국유지를 사기에 의해 양도받고, 토지로부터 농민을 몰아내고, 공동 소유지를 개인이 가짐으로써 '근대적 사적 소유'가 성립했다. 이것이 자본의 시초 축적이다. 왜냐하면 이렇게 축적된 부는 나중에 노동자를 고용하여 상품을 생산하는 자본으로 바뀌기 때문이다. 그리고 토지에서 쫓겨난 농민들은 이제 농업이나 공업 분야에서 자신의 노동력을 팔아야 하는 임금 노동자로 변신한다. 이렇게 시초 축적 과정을 거치면서 이제 토지나 공장, 화폐는 자본이 된다.

봉건적 가신 집단의 해체와 폭력에 의한 토지 수탈로 말미암아 수많은 임금 노동자들이 등장했지만, 그들이 새로운 매뉴팩처에서 일자리를 얻기는 매우 어려웠다. 또한 자신들의 오래된 생활 관습에 젖어 있던 사람들은 갑자기 새로운 환경과 규율에 적응하기도 쉽지 않았다. 그들은 대규모로 거지, 도둑, 부랑자가 되었는데, 그들 가운데 일부는 자신들의 개인적 성향으로 그렇게 되었지만 대부분은 별다른 도리가 없었기 때문에 그렇게 되었다. 서유럽의 모든 나라들은 그들을 통제하기 위해서 15세기 말부터 16세기까지 부랑자에 대한 '피의 법률'을 제정했다. 오늘날 노동자 계급의 선조들은 어쩔 수 없이 극빈자가 된 죄 때문에 처벌을 받았다.

1530년 영국의 헨리 8세는 다음과 같은 피의 법률을 제정했다. 늙고 노동 능력이 없는 거지는 '거지 면허'를 받는다. 이와는 반대로 건장한 부랑자는 태형과 감금을 당한다. 그들은 달구지 뒤에 결박되어 몸에서 피가 흐르도록 매를 맞고, 그다음에는 그들의 출생지 또는 그들이 최근 3년 동안 거주한 곳으로 돌아가 '노동에 종사하겠다.'는 맹세를 한다. 이 얼마나 잔인한 법률인가? 나중에는 더욱 가혹한 조항이 덧붙여졌다. 부랑 생활을 한 죄로 두 번 체포된 사람은 다시 태형에 처해지고 귀가 잘리는 처벌을 받으며, 세 번 체포된 사람은 중죄인이자 공동체의 적으로 간주되어 사형에 처해진다.

농민들은 폭력에 의해 토지를 빼앗기고 쫓겨나서 부랑자 신세가 되었으며, 그다음에는 무시무시한 피의 법률에 의해 채찍으로 맞고 고문을 당했다. 그리고 나중에는 임금 노동제를 유지하는 데 필요한 규율을 강요당했다. 자본주의가 발달한 사회에서는 시장과 경쟁의 논리가 자연스럽게 노동자를 통제해 주었지만, 자본주의가 태동하던 시기에는 그렇지 않았다. 그래서 신흥 자본가들은 임금을 규제하고 노동 시간을 늘리기 위해서, 그리고 노동자를 자본에 종속시키기 위해서 국가 권력을 이용했다.

임금 노동에 관한 법률은 처음부터 노동자를 착취하기 위한 목적으로 제정되었으며, 언제나 노동자 계급에게 적대적이었다. 법률이 정한 임금보다 더 많은 임금을 주는 자본가는 처벌을 받았으며, 그러한 임금을 받는 노동자는 더 심한 처벌을 받았다. 예를 들면 법률이 정한 임금보다 더 많은 임금을 준 사람은 10일간의 금고에 처해졌으며, 그 임금을 받은 사람은 21일간의 금고에 처해졌다. 또한 노동자들의 단결은 14세기부터 단결금지법이 폐지된 1825년에 이르기까지 무거운 죄로 다루어졌다.

14세기 이후에 제정된 대부분의 노동법에서 국가는 임금의 최고 기준은 정했지만, 최저 기준은 결코 정하지 않았다. 이런 점에서 그 당시 노동법이 얼마나 노동자 계급에게 적대적이었는지를 명백하게 알 수 있다. 자본주의 초기에 시행된 이러한 임금 인하 법률은 토지나 공장을 가진 자본가들에게 엄청난 부를 가져다 줌으로써 자본의 시초 축적을 더욱 빨라지게 했다.

자본의 시초 축적 과정 Ⅱ : 차지 농업가와 산업 자본가의 등장

농업 분야에서 자본의 시초 축적은 '차지 농업가'가 등장하면서 본격적으로 진행되었다. 차지 농업가란 지주로부터 땅을 임대한 다음에 임금 노동자를 고용하여 대규모로 경작을 하는 농업 자본가다. 농민들의 토지를 빼앗음으로써 대토지 소유자들이 등장하긴 했지만, 그들이 자본가가 되기 위해서는 임금 노동자를 고용하여 이윤을 얻어야 했다. 그런데 바로 차지 농업가들이 이런 방식으로 이윤을 만들어 자본을 축적했다. 따라서 이들의 등장이 농업 분야의 시초 축적을 낳았다.

농민들은 원래 생활 수단 대부분을 자신들이 직접 생산했다. 그런데 농민들이 토지로부터 쫓겨나 부랑자나 임금 노동자가 됨으로써 이들은 공장에서 생산된 생활 수단을 상품으로 구입해야 했다. 따라서 토지로부터 농민을 몰아낸 것은 산업 자본을 위한 국내 시장을 만들어 주었다. 이처럼 토지 수탈은 산업 자본가에게 임금 노동자를 공급해 주었을 뿐만 아니라 상품을 판매할 수 있는 시장도 마련해 주었다. 이것은 산업 자본의 시초 축적을 위한 중요한 조건이 된다.

농민으로부터의 토지 수탈, 상업의 활성화, 산업의 발전 등을 통해 이제 '산업 자본가'가 본격적으로 등장한다. 산업 자본가라는 말은 모든 산업 분야의 자본가를 가리키지만, 여기서는 농업 자본가에 대비되는 '공업 자본가'의 의미로 사용된다. 길드의 장인이나 독립 수공업자들이 소자본가로 되고, 이들이 임금 착취를 강화하여 자본을 축적함으로써 본격적인 산업 자본가로 변신한다. 이러한 산업 자본의 시초 축적은 아메리카에서 금의 발견, 동인도 정복과 약탈,

흑인들의 노예화를 통해서 더욱 빨라진다. 이처럼 산업 자본의 시초 축적은 폭력적이고 강제적인 착취와 약탈, 노예화 등을 통해서 이루어졌다.

이렇게 시초 축적을 통해 형성된 산업 자본가들은 더 많은 이윤을 얻기 위해서, 또한 경쟁에서 살아남기 위해서 끊임없이 자본을 축적하려고 한다. 자본 축적은 생산 과정에서 잉여 가치를 늘림으로써, 또한 다른 자본가들이 파산할 때 자본을 집중시킴으로써 더욱 촉진된다. 이러한 과정을 거치면서 소자본가들은 점차 소수의 대자본가 계급과 다수의 노동자 계급으로 나눠진다.

자본의 집적과 집중을 통해 형성된 대자본은 여러 문제점을 낳는다. 대자본의 형성 과정에서 노동자들에 대한 억압과 착취 정도가 심해지기 때문에 노동자들의 삶은 더욱 열악한 상태에 빠진다. 대자본가의 수는 끊임없이 줄어들지만, 그들의 억압과 착취는 끊임없이 증가한다. 그렇지만 이와 동시에 노동자들의 수도 계속 많아지고 그들의 조직도 더욱 강화되면서 노동자 계급의 저항도 강해진다.

그리고 대자본가에 의한 자본의 독점은 자본주의적 생산 방식에 도리어 장애가 된다. 자본주의에서는 대규모의 사회적 노동을 통해 생산 활동이 이루어지지만, 그 생산물이나 생산 수단은 몇몇 자본가에 의해 독점된다. 그래서 빈부 격차의 심화, 조절되지 않는 과잉 생산에 따른 공황 등의 문제가 생긴다. 이것을 자본주의에서 발생하는

'사회적 생산'과 '사적 소유' 사이의 모순이라고 한다. 대자본의 축적 속도가 빨라질수록 이러한 자본주의적 모순은 더욱 심화되며, 이로 말미암아 자본주의 사회는 심각한 위기에 처한다. 자본주의의 사적 소유가 자본주의 자체를 붕괴의 위기로 몰아넣는 것이다. 그래서 자본주의적 사적 소유에 조종(弔鐘)이 울리고 이제 수탈자가 수탈을 당한다.

9

자본의 운동 과정과
자본주의의 위기

capitalism

자본주의 사회의 기본 구조

자본주의 사회에서는 사적 소유가 인정되기 때문에 생산 수단을 가진 자본가가 사회 전체 생산물의 대부분을 차지한다. 따라서 생산 수단을 갖지 못한 노동자는 기아와 가난에 허덕일 수밖에 없다. 이러한 계급 관계 속에서 자본가는 더 많은 이윤을 얻으려고 노동자를 더욱 궁핍한 상태로 몰아넣는다. 이로 말미암아 자본주의 사회에서 빈부 격차는 더욱 심해지고 실업과 불황의 반복으로 생존의 위기에 몰린 노동자들은 격렬하게 투쟁을 벌이게 된다. (존 리치, 자본가와 노동자, *Punch*, 1843)

9. 자본의 운동 과정과 자본주의의 위기

 • • • •

　앞에서 다룬 제1장부터 제8장은 《자본론》 제1권에 나오는 내용이며, 제9장은 《자본론》 제2권과 제3권에 나오는 내용이다. 《자본론》 제2권과 제3권의 분량은 상당히 많은데, 그 가운데 일부분만을 간추려 제9장을 구성했기 때문에 내용을 이해하기가 어려울 수도 있다. 그러나 《자본론》 전체 내용을 살펴볼 수 있도록 하기 위해 핵심 내용을 중심으로 제9장을 마련했다. 마르크스는 제8장에서 잉여 가치가 자본으로 바뀌어 자본 축적이 이루어지는 과정을 설명했는데, 제9장에서는 이러한 개별 자본의 축적 과정이 여러 회 반복되는 자본의 운동 과정을 설명한다. 또한 이러한 개별 자본들이 서로 영향을 주고받으면서 형성된 사회적 총자본의 운동 과정에 대해서도 설명한다.

　자본은 순환 운동과 회전 운동을 하면서 더 높은 이윤을 얻기 위해 서로 경쟁하는데, 이 과정에서 평균 이윤율이 형성된다. 그런데 평균 이윤율은 자본의 유기적 구성이 고도화됨에 따라 점차 낮아지는 경향을 보인다. 자본주의 사회에서는 사회적 생산과 사적 소유 사이의 모순 때문에 평균 이윤율의 저하, 과잉 생산, 공황, 빈부 격차의 심화, 계급투쟁 등 여러 문제가 발생하며, 이로 말미암아 자본주의는 붕괴의 위기를 맞는다.

자본의 순환 운동

생산 과정에 들어간 자본은 여러 단계의 운동 과정을 거치면서 그 형태가 바뀌는데, 이러한 운동 과정에서 자본이 원래 자신의 형태로 되돌아가는 것을 '자본의 순환'이라고 한다. 순환 운동 과정에서 자본이 처음에 어떤 형태로 출발했는지에 따라 순환 운동을 '화폐 자본의 순환', '생산 자본의 순환', '상품 자본의 순환'으로 구분할 수 있다.

화폐 자본의 순환을 표시하는 공식은 $M-C\cdots P\cdots C'-M'$이다. 여기서 M은 화폐(Money)를, C는 상품(Commodity)을, P는 생산(Production)을, M'는 M에 잉여 가치가 더해진 것을, C'는 C에 잉여 가치가 더해진 것을 의미한다. 그리고 실선은 유통 과정을, 점선은 유통 과정이 중단된 것을 의미한다. 자본의 일반적인 순환 과정은 다음과 같은 세 단계로 구성된다.

제1단계는 $M-C$이다. 이것은 자본가가 화폐(M)로 생산 수단이나 노동력과 같은 상품(C)을 구입하는 유통 과정이다. 자본가는 생산에 필요한 물질 요소인 생산 수단, 그리고 인력 요소인 노동력을 구매하기 위해서 화폐를 사용한다. 화폐 자본은 화폐에서 상품으로 그 형태가 바뀐다. 이 과정을 거치면 생산에 필요한 주요 요소인 생산 수단과 노동력이 갖추어진다.

제2단계는 P이다. 이것은 구입한 생산 수단과 노동력을 결합하여 새로운 상품을 만드는 생산 과정이다. 생산 수단은 자신의 가치를 새로운 생산물에 그대로 옮기지만, 노동력은 자신의 가치보다 더 많은 추가 가치, 즉 잉여 가치를 생산하여 새로운 생산물로 옮긴다. 따라서 생산 과정에서는 잉여 가치가 포함된 새로운 상품이 생산된다.

제3단계는 C′—M′이다. 이것은 생산 과정에서 잉여 가치가 더해진 상품(C)을 판매하여 화폐(M′)를 얻는 유통 과정이다. 생산 과정을 거친 생산물(C)에는 잉여 가치가 포함되어 있으며, 따라서 생산물의 판매를 통해 얻은 화폐 자본(M′)은 처음의 화폐 자본(M)보다 그 양이 더 많아진다. 화폐 자본은 이러한 단계를 거치면서 화폐 형태로 잉여 가치를 얻게 되어 순환의 목적을 달성한다. 자본은 순환 운동을 하면서 유통 과정에서는 화폐 자본과 상품 자본의 형태를 취하고, 생산 과정에서는 생산 자본의 형태를 취한다. 이처럼 화폐 자본의 순환은 화폐에서 출발하여 상품을 거친 다음에 다시 화폐로 되돌아오는 순환 과정을 밟는다.

생산 자본의 순환을 표시하는 공식은 P…C'—M'—C…P이다. 화폐 자본의 순환이 화폐에서 출발하여 화폐로 끝나는 순환을 한다면, 생산 자본의 순환은 생산에서 출발하여 생산으로 끝나는 순환을 한다. 이것은 생산이 반복해서 이루어지는 재생산 과정을 보여 준다. 또한 생산 과정을 거치면서 생산된 생산물(C)에는 새로운 잉여 가치가 포함되어 있으므로, 이것은 잉여 가치의 증식 과정을 보여 준다. 이러한 재생산 방식에는 생산 규모가 그대로 유지되는 단순 재생산과 생산 규모가 확대되는 확대 재생산이 있다.

상품 자본의 순환을 표시하는 공식은 C'—M'—C…P…C'이다. 이것은 상품에서 출발하여 상품으로 끝나는 순환을 하며, 생산 수단과 노동력이라는 상품(C)을 집어넣어 더 많은 상품(C)을 생산하는 것을 목표로 한다. 여기서 생산 수단으로서의 상품은 생산 과정을 거친 다음에 만들어진 생산물이기 때문에, 상품 자본은 순환 과정에서 이미 화폐 자본과 생산 자본의 형태를 거친 것이다.

자본의 순환 운동에서 화폐 자본과 생산 자본, 상품 자본은 서로를 전제로 하며, 서로의 형태로 바뀐다. 자본은 순환 운동에서 생산 과정과 유통 과정을 거치는데, 이때 생산 과정은 유통 과정을 매개하며, 유통 과정은 생산 과정을 매개한다. 따라서 자본의 순환 운동은 생산 과정과 유통 과정의 통일이라고 볼 수 있다. 이러한 세 가지 순환 형태는 잉여 가치의 생산을 목표로 한다는 점에서 공통점을 지닌다.

자본의 회전 운동

자본이 운동하면서 원래 자신의 형태로 되돌아가는 것을 자본의 순환 운동이라고 한다면, 이러한 순환이 반복해서 이루어지는 것을 '자본의 회전 운동'이라고 한다. 자본은 한 번의 순환 운동으로 그치는 것이 아니라 주기적으로 반복되는 순환 운동, 즉 회전 운동을 통해서 계속해서 더 많은 잉여 가치를 생산하려고 한다.

자본의 '회전 기간'은 자본의 '순환 기간'으로, 자본이 처음 형태로 되돌아가는 데 걸리는 시간이다. 자본의 순환 운동은 생산 과정과 유통 과정이 결합된 것이기 때문에, 자본의 순환 기간은 결국 생산 기간과 유통 기간을 합한 것이다. 자본의 '회전수'는 자본이 1년 동안에 회전하는 횟수를 가리킨다. 따라서 회전수는 1년을 자본의 회전 기간으로 나눈 것이다. 만약 어떤 자본의 회전 기간이 3개월이라면, 그 자본은 1년(12개월) 동안에 4번 회전하므로 회전수는 4회가 된다. 만약 어떤 자본의 회전 기간이 18개월이라면 1년 동안에 12/18번, 즉 2/3번을 회전하므로 회전수는 2/3회가 된다.

자본의 회전 기간을 중심으로 자본의 형태를 구분하면, '고정 자본'과 '유동 자본'으로 나눠진다. 고정 자본은 노동 수단처럼 생산 과정에서 일정한 형태로 고정되어 있는 자본이다. 생산 과정에 들어간 노동 수단은 그 가치의 일부를 생산물로 옮기지만, 다른 부분은 회전 기간 동안 변함없이 고정된 형태로 남아 있다. 예를 들면 자본의 회전 기간 동안에 원료는 반복해서 사용되지만, 노동 수단인 기계는 고정된 형태를 유지한다. 이에 비해 유동 자본은 노동력이나 원료처럼 생산 과정에서 자주 소모되기 때문에 반복해서 채워야 하는 자본이다. 자본의 회전 기간 동안에 고정 자본인 기계는 그 형태를 계속 유지하지만, 유동 자본인 노동력이나 원료는 반복해서 소모되어 새롭게 채워진다. 고정 자본이 한 번 회전할 때 유동 자본은 수 회 또는 수십 회를 회전한다. 고정 자본이 부분적으로 소비된다면, 유동 자본은 한번에 소비된다. 따라서 고정 자본과 유동 자본의 차이는 자본이 소비되는 기간의 차이라고 볼 수 있다.

노동 수단과 같은 고정 자본은 그 형태를 유지하면서 부분적으로만 소모되기 때문에 회전 기간이 상대적으로 길다. 반면에 노동력이나 원료와 같은 유동 자본은 한번에 소모되기 때문에 회전 기간이 상대적으로 짧다. 이렇게 차이가 있는 고정 자본과 유동 자본의 회전을 평균해야만 자본의 총 회전 기간이 계산된다. 유동 자본은 반복해서 회전하기 때문에, 1년 동안 회전한 자본의 총가치는 생산 과정에 투자한 자본의 총가치보다 대부분 더 많다.

자본의 회전 기간은 노동 기간이 포함된 생산 기간과 유통 기간으로 구성된다.

자본의 회전 기간 = 생산 기간(노동 기간 포함) + 유통 기간 노동 기간은 하나의 완성된 생산물을 생산하는 데 필요한 노동 시간이다. 노동 기간은 자본주의적 생산 방식이 발전하면 점차 줄어든다. 예를 들면 협업이나 분업, 기계의 도입으로 노동 생산성이 높아지면, 하나의 생산물을 생산하는 데 필요한 노동 시간은 줄어든다. 노동 생산성은 대체로 노동 수단과 같은 고정 자본에 대한 투자를 늘리면 증가한다. 이렇게 노동 기간이 줄어들면 자본의 회전 기간도 짧아진다.

생산 기간은 노동 기간을 포함하여 생산이 이루어지는 전체 기간이다. 생산물을 생산하는 기간에는 노동이 직접 들어가는 노동 기간도 있지만, 다른 한편으로 노동이 직접 들어가지는 않고 자연 상태에서 생산물이 성장하거나 숙성하는 기간도 있다. 예를 들면 포도주가 숙성하는 기간이 이에 해당된다. 따라서 생산 기간은 대체로 노동 기간보다 더 길다. 노동 기간을 제외한 다른 생산 기간을 줄이기 위해 생산물의 성장이나 숙성을 빠르게 하는 화학적 방법 등을 이용하기도 한다. 이러한 방법을 이용하면 자본의 회전 기간은 전체적으로 짧아진다.

유통 기간은 생산 수단이나 노동력을 구매하거나, 또는 생산된 상품을 판매하는 데 걸리는 시간이다. 자본의 회전 기간은 생산 과정의 내부 요소에 의해서만 결정되는 것이 아니라, 외부 요소인 유통 기간에 의해서도 결정된다. 상품의 구매나 판매에 걸리는 유통 기간은 자본의 회전 기간을 결정하는 중요한 요소다. 이처럼 자본의 회전 기간은 노동 기간이 포함된 생산 기간과 유통 기간을 합한 것에 의해 결정된다.

자본의 회전 기간은 잉여 가치량에 많은 영향을 주기 때문에 자본가 입장에서는 매우 중요하다. 생산 과정에 들어간 자본은 회전 기간이 짧을수록 더 많은 잉여 가치를 생산한다. 잉여 가치율이 변하지 않을 경우에 자본은 한 번 회전할 때마다 일정한 잉여 가치를 생산하며, 따라서 그 회전수가 많을수록 1년 동안 쌓이는 잉여 가치의 총량도 늘어난다. 이러한 이유 때문에 자본가들은 더 많은 잉여 가치를 얻기 위해서 자본의 회전수를 최대한 늘린다. 예를 들면 노동 시간의 연장이나 주간과 야간 노동의 교대제 등을 통해서 고정 자본을 최대한 사용하여 자본의 회전 기간을 짧게 만든다.

사회적 총자본의 운동

지금까지 살펴본 것은 주로 개별 자본의 운동 과정이었는데, 이러한 개별 자본의 운동 과정이 전체로 결합되어 만들어진 자본이 '사회적 총자본'이다. 사회적 총자본은 각자 순환하는 여러 개별 자본들의 총합이다. 개별 자본들은 서로 영향을 주고받으면서 운동하며, 그 결과 상호 연관된 사회적 총자본의 형태로 나타난다. 개별 자본은 혼자서 운동한다기보다는 사회적 총자본의 한 부분으로서 운동한다. 사회적 총자본의 운동은 사회적 차원에서 이루어지는 자본의 재생산 과정이며, 이와 동시에 자본가 계급과 노동자 계급이라는 자본주의적 생산 관계의 재생산 과정이다.

사회적 총자본의 운동과 관련된 사회적 생산은 크게 두 부문으로 구성된다. I부문은 '생산 수단의 생산 부문'으로서 생산에 필요한 노동 수단이나 노동 대상을 생산한다. II부문은 '소비 수단의 생산 부문'으로서 자본가나 노동자에게 필요한 소비 수단을 생산한다. I부문에서 생산된 생산 수단의 일부는 II부문에서 생산된 소비 수단의 일부와 교환되기 때문에, I부문과 II부문은 서로 교환 관계를 맺는다. 그리고 II부문 내부에서도 생활필수품 생산 부문과 사치품 생산 부문 사이에 교환이 이루어진다. 이렇게 여러 사회적 생산 부문들은 서로 영향을 주고받으면서 사회적 총자본의 일부분을 구성한다.

이윤이란 생산 과정에 들어간 총자본에 의해 생산된 잉여 가치다. 자본가는 잉여 가치의 원천이 어디인가에는 별로 관심이 없으며, 오로지 총자본이 얼마만큼의 이윤을 만들어 내는지에만 관심이 있다. 이윤의 원천은 노동에 의해 생산된 잉여 가치지만, 자본가들이 관심을 갖는 것은 잉여 가치나 잉여 가치율이 아니라 이윤이나 이윤율이다. 이윤율은 생산 과정에 들어간 총자본에 대한 이윤의 비율이다.

자본주의가 발전하면 개별 자본의 이윤율은 점차 평균화되어 '평균 이윤율'이 형성된다. 처음에는 생산 분야에 따라 자본의 유기적 구성이나 자본의 회전 기간이 서로 다르기 때문에 이윤율에서도 차이가 생긴다. 그런데 자본가들은 더 많은 이윤을 얻기 위해서 서로 치열한 경쟁을 벌이면서, 이윤율이 낮은 분야의 자본을 이윤율이 높은 분야로 이동시킨다. 이러한 자본의 이동을 통해 자본이 다양한 분야에 분배되면 이윤율은 점차 비슷한 수준에 도달한다.

이윤율이 높은 분야로 많은 자본이 옮겨가면 그 결과 경쟁이 심해져서 그 분야에서는 상품이 가치 이하의 가격으로 팔리게 된다. 반면에 이윤율이 낮은 분야에서 많은 자본이 빠져 나가면 그 결과 경쟁이 줄어들어 그 분야에서는 상품이 가치 이상의 가격으로 팔리게 된다. 이러한 자본의 이동으로 각 생산 부문의 이윤율은 비슷한 수준의 평균 이윤율에 가까워진다. 평균 이윤율은 사회적 총자본에 의해 생산된 모든 잉여 가치가 각 산업 분야에 고르게 분배되어서 형성된 것이다. 이러한 평균 이윤율은 경쟁을 통해 자본이 자유롭게 이동할 수 있을 때 실현된다.

자본주의가 발전하면 생산 과정을 담당하는 산업 자본뿐만 아니라 유통 과정을 담당하는 상업 자본도 형성되며, 이에 따라 이윤 일반에서 '상업 이윤'이 나누어진다. 또한 화폐 자본과 관련된 '이자'가 이윤에서 나누어진다.

잉여 가치나 이윤은 생산 과정에서 만들어지고 이러한 생산 과정을 담당하는 것은 산업 자본이기 때문에, 이윤은 산업 자본의 몫이다. 그런데 상업 자본이 유통 과정을 나누어서 담당하면, 산업 자본은 이제 생산 과정만을 담당하면 된다. 따라서 산업 자본은 자신이 얻은 이윤의 일부를 상업 자본에 넘겨줘야 하는데, 이로 말미암아 산업 자본의 이윤은 전체 이윤에서 상업 자본의 이윤을 뺀 부분이 된다.

상업 자본은 자본의 운동 과정에서 유통 과정만을 담당하는 자본이다. 잉여 가치는 생산 과정에서 노동력에 의해서만 만들어지므로, 유통 과정만을 담당하는 상업 자본은 잉여 가치를 생산하지 못한다. 상업 자본은 단지 판매와 구매를 통해서 상품의 교환을 도와줄 따름이다. 따라서 상업 자본이 얻는 상업 이윤은, 산업 자본이 생산 과정에서 만들어 낸 잉여 가치의 일부를 나눠 받은 것에 불과하다. 상업 이윤의 원천은 산업 자본이 생산한 잉여 가치다. 자본은 서로 경쟁하면서 더 많은 이윤을 얻기 위해 자유롭게 이동하며, 그 결과 모든 자본은 대체로 평균 이윤율을 얻게 된다. 이것은 상업 이윤의 경우도 마찬가지다. 산업 부문 사이에 자본의 이동이 이루어짐으로써 상업 자본도 산업 자본과 같은 평균 이윤율을 얻는다.

산업 자본가와 상인은 화폐 자본가나 대부 자본가에게 돈을 빌린 다음에 이에 대한 대가를 지불하는데, 이것이 이자다. 이자는 산업 자본이나 상업 자본이 얻은 이윤의 일부를 대부 자본에게 나눠 준 것이며, 대부 자본 그 자체는 이러한 이윤을 생산하지 못한다. 이윤 또는 잉여 가치는 생산 과정에 들어간 노동력에 의해 만들어진다. 따라서 대부 자본이 얻은 이자의 원천도 결국 산업 자본이 생산한 잉여 가치다.

토지 소유자는 자신의 토지를 농업 자본가에게 빌려주고 그 대가로 '지대'를 받는다. 지대는 농업 자본가가 얻은 이윤의 일부를 지주에게 나눠 준 것이며, 토지 그 자체가 이러한 이윤을 만든 것은 아니다. 공업 분야와 마찬가지로 농업 분야의 경우에도 농업 생산물의 가치는 노동을 통해 생산된다. 기름진 땅이나 광산과 같은 좋은 토지를 빌려주면 다른 일반 토지보다 더 많은 지대를 받는데, 이것을 '차액 지대'라고 한다. 차액 지대도 다른 토지에 비해 생산성이 높은 결과로 생긴 일종의 초과 이윤이다. 이윤 또는 잉여 가치는 생산 과정에 들어간 노동에 의해 생산된다. 따라서 지대의 원천은 생산 과정에 들어간 농업 노동자의 노동이다.

평균 이윤율의 저하 경향

자본주의적 생산이 발전하면 자본의 유기적 구성이 고도화된다. 자본가들이 더 많은 특별 잉여 가치를 얻기 위해서, 또한 치열한 경쟁에서 살아남기 위해서 생산 수단에 대한 투자를 계속 늘리기 때문이다. 불변 자본인 생산 수단에 대한 투자는 계속해서 늘어나지만, 가변 자본인 노동력에 대한 투자는 상대적으로 줄어든다. 그 결과 불변 자본에 대한 가변 자본의 비율이 줄어들어 자본의 유기적 구성이 높아진다. 그런데 잉여 가치의 원천인 가변 자본, 즉 노동력의 비율이 줄어들기 때문에 총자본에 대한 잉여 가치의 비율, 즉 이윤율도 줄어든다. 이처럼 자본들 사이에 경쟁이 심해지면 자본의 유기적 구성이 고도화되어 불변 자본의 비율은 높아지고 가변 자본의 비율은 낮아지며, 그 결과 이윤율도 점차 낮아지는 경향을 보인다.

자본 축적과 이윤율의 저하 경향은 서로 연관되어 있다. 자본가들이 생산성을 높이기 위해 생산 수단에 대한 투자를 늘려 자본 축적을 가속화하면, 그 결과 이윤율은 낮아진다. 다른 한편으로 이윤율이 낮아지면, 자본가들은 더 많은 이윤을 얻기 위해 생산 규모를 확대함으로써 자본 축적을 가속화한다. 이처럼 자본주의의 발전 과정에서 자본 축적은 이윤율의 저하라는 문제를 낳는다.

그렇다고 이윤율의 저하 경향으로 잉여 가치나 이윤의 절대량이 반드시 줄어드는 것은 아니다. 만약 생산에 들어가는 자본의 증가 속도가 이윤율의 저하 경향보다 더 빠르다면, 잉여 가치나 이윤의 상대적 양은 줄어들더라도 그것의 절대량은 늘어난다. 생산 수단에 대한 투자 증가와 그로 인한 자본의 유기적 구성의 고도화가 이윤율을 낮아지게 하는 경향이 있지만, 다른 한편으로 잉여 가치나 이윤의 총량을 늘어나게 하는 측면도 있기 때문에 자본가는 생산 수단에 대한 투자를 계속해서 늘린다.

자본주의의 발전과 더불어 평균 이윤율은 낮아지는 경향을 보이지만, 이것을 상쇄하는 요인들도 존재한다. 이러한 요인들 가운데 하나는 '노동 착취도의 증가'다. 노동 시간을 늘리고 노동 강도를 강화하여 잉여 가치율, 즉 노동 착취도가 높아지면 잉여 가치의 양과 이윤율도 높아진다. 그렇지만 노동 강도를 강화하기 위해 더 많은 기계를 도입하면, 불변 자본이 증가하여 이윤율은 낮아질 수도 있다.

이윤율의 저하 경향을 상쇄하는 가장 중요한 요인은 노동력의 가치보다 낮게 임금을 주는 것이다. 노동력의 가치, 즉 노동력을 재생산하는 데 드는 비용보다 더 적은 임금을 주면, 생산에 들어가는 자본이 감소하여 이윤율은 높아진다. 또 다른 요인으로는 불변 자본을 저렴하게 하는 방법이 있다. 생산 수단과 같은 불변 자본에 대한 투자가 늘어나 노동 생산성이 높아지면, 그 결과 거기서 생산된 생산 수단의 가격이 떨어지는 등 불변 자본의 가치는 감소한다. 이런 경우에는 가변 자본에 대한 불변 자본의 비율이 낮아지기 때문에 이윤율이 높아질 수 있다.

또한 상대적 과잉 인구도 이윤율의 저하 경향을 상쇄하는 요인이다. 자본주의가 발전하면 상대적 과잉 인구가 뚜렷하게 나타나며, 이로 말미암아 임금은 낮아진다. 상대적 과잉 인구를 바탕으로 하여 형성된 산업 분야, 특히 가변 자본의 비율이 높은 산업 분야는 싼 임금으로 노동자를 고용할 수 있기 때문에 이윤율이 높아진다. 그리고 대외 무역도 이윤율 저하 경향을 상쇄하는 요인이다. 대외 무역을 통해서 싼 원료나 생활필수품이 수입되면 생산 비용이 감소하고, 이로 말미암아 잉여 가치율은 올라간다. 이처럼 자본주의의 발전 과정에서 이윤율은 낮아지는 경향을 보이지만, 때로는 이를 상쇄하는 요인들도 존재하기 때문에 이것은 하나의 '경향성'으로만 존재한다.

자본주의의 모순과 위기

자본주의가 발전함에 따라 발생하는 평균 이윤율의 저하 경향은 자본주의의 모순을 심화시키면서 여러 가지 경제적·사회적 문제를 일으킨다. 자본의 최고 목표는 이윤을 얻는 것인데, 이렇게 평균 이윤율이 낮아지면 이윤을 얻기가 어려워지고, 새로운 자본 투자도 줄어들게 되어 자본주의적 생산 과정이 위협을 받는다. 또한 이윤율이 낮아지면 기존의 자본가들은 잉여 가치의 양을 늘리기 위해 생산 규모를 확대하는데, 이로 말미암아 과잉 생산이 발생하여 공황으로 이어진다.

생산 규모의 확대는 대체로 불변 자본에 대한 가변 자본의 비율을 상대적으로 낮아지게 한다. 다시 말해 생산 수단의 구입 자본은 증가하지만, 노동력의 구입 자본은 줄어든다. 따라서 생산 규모는 확대되지만 여기서 생산되는 생산물을 소비할 수 있는 임금의 구매력, 즉 시장의 규모가 상대적으로 작아지며, 이로 말미암아 과잉 생산과 공황이 발생한다.

이것은 자본주의적 생산 방식이 생산력을 발전시키는 데 한계가 있다는 것을 보여 준다. 자본주의적 생산 방식은 생산력을 발전시키는 데 많은 기여를 했지만, 일정한 단계에 이르면 오히려 생산력의 발전에 장애가 된다. 생산력과 생산 관계 사이에 모순이 발생하는 것이다. 이러한 모순은 자본주의적 생산 양식이 절대적으로 타당한 것이 아니라 역사적으로 형성된 과도기 형태임을 보여 준다. 자본주의는 이러한 모순 때문에 일정한 시기가 지나면 새로운 생산 양식으로 넘어간다.

자본주의의 기본 모순은 사회적 생산과 사적 소유 사이의 모순이다. 생산은 광범위한 사회적 분업을 바탕으로 매우 높은 생산력에 도달하지만, 소유는 사적 소유의 형태를 유지한다. 사회적 차원에서 생산력은 높아지지만, 사회의 소비 능력은 상대적으로 낮아진다. 적대적 분배 관계로 말미암아 생산물이나 잉여 가치는 소수의 개인에게 편중된 형태로 분배되기 때문에 대다수 민중들의 소비 능력은 가장 낮은 수준에 머무른다. 또한 자본 축적의 경향, 즉 자본의 규모를 확대하여 더 많은 잉여 가치를 얻으려는 욕구 때문에 사회의 소비 능력은 더욱 제한된다.

자본가들은 경쟁에서 살아남기 위해 끊임없이 생산 방식을 개량하고 생산 규모를 확대해야 하기 때문에 반드시 자본 축적을 해야 한다. 그 결과 시장은 끊임없이 확대되며, 이로 말미암아 자본주의의 생산력과 소비 관계는 더 큰 충돌을 일으키면서 모순이 깊어진다. 과잉 자본과 과잉 인구로 말미암아 잉여 가치의 생산량은 늘어나지만, 소비력은 감소하기 때문에 잉여 가치가 화폐로 바뀌기 어렵게 된다. 즉, 자본주의의 내적 모순으로 말미암아 잉여 가치의 생산량은 증가하지만 소비 능력은 감소하기 때문에, 잉여 가치가 화폐로 바뀌지 못하는 심각한 문제가 발생하는 것이다.

이러한 문제가 심해지면 공황이 발생한다. 자본은 자신의 목표인 이윤을 최대한 많이 얻기 위해 온갖 방법을 이용한다. 그러나 이로 말미암아 이윤율의 저하, 소비 능력의 감소, 과잉 생산과 같은 문제가 발생해 이윤을 얻기가 오히려 어려워진다. 다시 말해서 자본의 이윤 추구 목표와 이를 위해 이용되는 방법 사이에 모순이 존재한다. 물론 공황을 통해 이러한 문제가 잠시 해소되기도 하지만, 그 문제가 근본적으로 해결되지는 않는다. 공황을 거치면서 자본주의의 문제는 더욱 큰 규모로 확대된다.

자본주의적 생산은 이러한 모순이나 한계를 극복하려고 끊임없이 노력하지만, 이러한 노력은 자본주의가 안고 있는 모순이나 한계를 더욱 거대하게 만들 뿐이다. 자본주의적 생산의 진정한 한계는 자본 그 자체다. 즉, 자본과 자본의 자기 증식(자본 축적)이 생산의 출발점과 종착점이자 동기와 목적으로 나타난다는 점, 생산은 오직 자본을 위한 생산에 불과하며, 따라서 생산 수단은 생산자들을 위한 것이 아니라는 점에 자본주의적 생산의 진정한 한계가 있다.

자본의 목적인 자본의 자기 증식은, 이러한 목적을 이루기 위해 이용하는 수단인 사회적 생산력의 무제한 발달과 끊임없이 충돌하면서 모순을 심화시킨다. 자본주의적 생산 양식이 생산력을 발전시키기 위한 역사적 수단이고, 또한 이 생산력에 상응하는 세계 시장을 만들기 위한 역사적 수단이라면, 자본주의적 생산 양식은 자신의 역사적 과업과 자신의 사회적 생산 관계 사이에서 끊임없는 충돌과 모순을 일으킬 수밖에 없다.

자본주의적 생산 양식의 모순은 생산력을 발전시키려는 경향과 자본주의적 생산 관계 사이의 끊임없는 충돌에서 발생한다. 자본주의적 생산 양식은 사회적 생산과 사적 소유를 기반으로 하기 때문에, 거기서 여러 충돌과 모순이 발생하는 것이다. 과잉 생산은 소수에게 편중된 분배로 말미암아 대다수 민중들의 소비 능력이 줄어들었기 때문에 발생한 것이지, 현재 인구에 비해 너무 많은 생활 수단이 생산되었기 때문에 발생한 것은 아니다. 오히려 전체 인구의 욕구를 충분히, 그리고 인간답게 충족시키기에는 현재 생산량이 너무 적다. 너무 많은 부가 생산된 것이 아니라, 소수 자본가에게 독점되는 부가 너무 많이 생산된 것이다.

마르크스의 사상과 《자본론》 둘러보기

1. 마르크스의 생애

칼 마르크스(Karl Marx)는 1818년 5월 5일 독일 트리에의 유대인 집안에서 태어났다. 그의 아버지 하인리히 마르크스(Heinrich Marx)는 유대인에 대한 탄압을 피하기 위해 유대교를 버리고 개신교로 개종했다. 그의 아버지는 자유주의를 신봉하는 변호사였으며, 독일의 중산층이었다. 이런 집안에서 태어난 마르크스는 비교적 자유로운 생활을 하면서 김나지움(Gymnasium)을 마치고 1835년 법학을 공부하기 위해 본 대학에 입학했다. 그 시절 그는 고향에서 자신보다 4살 많은 예니(Jenny)와 사랑에 빠져 약혼까지 했지만, 주변의 반대 때문에 35세가 되던 1843년이 되어서야 그녀와 결혼하게 된다.

마르크스는 1836년 베를린 대학 법학부로 전학을 갔는데, 대학 시절 그는 법학보다는 철학과 역사학에 더 관심이 많았다. 특히 그는 당시 독일에서 큰 영향력을 발휘하던 헤겔(Hegel) 철학에 관심이 있었고, 그래서 청년헤겔학파가 이끄는 모임에도 참여했다. 그 후 그는 철학 공부를 계속하여 1841년 예나 대학 철학부에서 철학 박사 학위를 받았다. 하지만 그 당시 프로이센 정부가 사회 현실에 비판적이던 청년헤겔학파를 탄압했기 때문에, 마르크스는 대학에 계속 남아 연구 활동에 전념하려던 학자의 길을 포기하고 사회 변혁을 추구하는 혁명가의 길을 선택하게 된다.

마르크스는 1841년 트리에로 돌아와 정치 신문인 〈라인 신문〉의 발행에 참여했으며, 1842년에는 이 신문의 편집장이 되었다. 이 무렵의 마르크스는 공화제와 보통 선거권을 주장하는 급진적 자유민주주의자였는데, 점차 공산주의와 철학적 유물론을 공부하면서 혁명적인 입장으로 바뀌었다. 1843년 〈라인 신문〉이 프로이센 정부에 의해서 폐간되자, 마르크스는 아내와 함께 프랑스 파리로 이주했다. 그는 파리에서 급속한 산업화 과정과 노동자들의 빈곤한 삶을 보았으며, 그곳에서 활동하던 공산주의 조직과 만나면서 노동 운동에 구체적인 관심을 갖게 되었다. 이를 계기로 그의 사상은 급진적 민주주의에서 혁명적 공산주의로 바뀐다.

마르크스는 애덤 스미스(Adam Smith), 리카아도(Ricardo) 등 고전파 경제학자들이 쓴 저서를 연구하여, 1844년 이들을 비판한 《경제학 철학 수고》를 썼다. 이 무렵 마르크스는 파리에서 엥겔스와 처음 만나게 되는데, 이때부터 두 사람은 평생 동안 서로 우정을 나누면서 공동으로 이론 작업을 하는 사상의 동반자가 되었다.

마르크스는 1845년 파리에서 추방당해 브뤼셀로 거주지를 옮겼는데, 거기서 엥겔스와 공동으로 역사적 유물론, 즉 유물사관을 이론으로 체계화한 《독일 이데올로기》를 썼다. 또한 그들은 정치 활동에도 직접 뛰어들어 1847년에 사회주의자들의 비밀 단체인 '의인동맹'을 공개된 혁명 조직 '공산주의자동맹'으로 바꾸었다. 1848년 마르크스와 엥겔스는 이 단체의 강령을 밝히는 선언문을 쓰게 되는데, 이것이 바로 그 유명한 《공산당 선언》이다. 이 책에는 "만국의 노동자여, 단결하라!"라는 널리 알려진 문구가 들어 있다.

1848년 프랑스를 비롯하여 유럽 각국에서 왕정에 대항해 공화정을 세우려는 혁명이 일어나자, 마르크스는 독일로 돌아가 〈신라인 신문〉을 통해 이 혁명을 널리 알리려고 했다. 그러나 1849년 혁명이 실패한 후에 마르크스는 독일에서 추방되었고, 파리를 거쳐 영국 런던으로 이주하여 죽을 때까지 그곳에서 살았다. 마르크스는 자신이 겪었던 당시의 혁명을 집중 연구하여 《1848년에서 1850년 사이의 프랑스 계급투쟁》과 《루이 보나파르트의 브뤼메르 18일》이라는 책을 썼다.

마르크스는 자본주의에 대한 치밀하고 체계적인 분석을 하기 위해

1850년대부터 영국 대영박물관을 드나들면서 이후 수십 년 동안 경제학에 대한 연구에 몰두했다. 그는 수많은 저서들을 읽으면서 그 내용을 정리하고, 자신의 생각을 이론적으로 세워 초고를 쓴 다음에, 이것을 다시 수정하는 작업을 끊임없이 반복했다. 마르크스는 죽을 때까지 자신이 계획했던 경제학 저서를 완성하지는 못했지만, 몇 가지 책을 출판했고 또한 경제학과 관련된 많은 분량의 원고를 남겼다. 이 무렵 마르크스는 엥겔스로부터 재정 지원을 받았음에도 가난 때문에 끼니를 거르는 등 경제적 고통을 겪었다. 이런 고통 속에서 나온 것이 《정치경제학 비판 요강》, 《정치경제학 비판》, 《자본론》 1권 등이다.

1864년 '국제노동자협회', 즉 '제1인터내셔널'이 출범하자, 마르크스는 이 협회의 창립 선언문과 규약을 작성하고 행정 업무에도 적극 참여하면서 실질적인 지도자 역할을 맡았다. 1871년에는 프랑스에서 노동자들이 봉기하여 '파리 코뮌'을 선포하자, 이 혁명을 지지하기 위해 마르크스는 《프랑스 내전》이라는 책을 썼다. 1875년에는 독일 노동당의 통합을 위해 제정된 고타 강령을 비판한 〈고타 강령 비판〉이라는 글을 썼다. 이 글에서 그는 사회주의의 분배 원리로서 '노동에 따른 분배'를, 공산주의 사회의 분배 원리로서 '필요에 따른 분배'를 주장했다.

이렇게 뛰어난 이론가이자 혁명가로서 노동자 계급을 위해 열정적인 삶을 살았던 마르크스는 1883년 영국에서 삶을 마감했다. 비록 그는 자신이 그토록 기대했던 공산주의 혁명이 성공을 거두는 것을 보지 못하고 세상을 떠났지만, 그의 사상은 20세기에 일어난 러시아 혁명과 중국 혁명 등을 통해서 세계를 뒤흔드는 강력한 힘을 발휘했다.

2. 마르크스의 사상과 주요 저작

마르크스는 공산주의 혁명 이론뿐만 아니라 철학, 역사학, 경제학, 정치학 등 다양한 분야에 걸쳐 방대한 이론을 체계화했다. 마르크스는 자본주의 사회의 운동 원리와 그 문제점을 날카롭게 분석하고 비판했으며, 그에 대한 대안으로 공산주의 사회를 제시했다. 또한 자연과 사회에 대한 연구를 통해 세계의 운동과 변화의 원리를 밝혔으며, 유물론 관점에서 역사의 발전 법칙을 파악했다. 이러한 마르크스의 사상 체계는 흔히 '마르크스주의(Marxism)'라고 불리는데, 이것은 19세기 후반부터 20세기 후반까지 거의 100여 년 동안 인류에게 가장 많은 영향을 준 사상으로 자리를 잡았다.

이런 마르크스의 사상은 그가 혼자서 완성한 것이 아니고, 그의 절친한 친구이자 사상의 동반자였던 엥겔스의 도움을 받아 완성한 것이다. 마르크스는 아주 오랫동안 엥겔스와 교류하면서 삶을 마감할 때까지 깊은 우정과 신뢰 관계를 유지했다. 엥겔스는 마르크스가 가난한 생활을 할 때 물질적인 지원을 아끼지 않았으며, 마르크스가 좌절할 때마다 격려를 통해 그의 의지를 북돋워 주었다. 또한 엥겔스는 이론 측면에서도 마르크스에게 많은 도움을 주었으며, 여러 권의 책을 공동으로 집필하기도 했다. 비록 엥겔스가 자신은 단지 '제2바이올린'의 역할을 했을 뿐이라고 겸손하게 말했지만, 마르크스주의를 체계화하는 데 엥겔스가 기여한 공로는 매우 컸다. 이런 점들 때문에 '마르크스주의'를 '마르크스–엥겔스주의'라고도 부르는 것이다.

여기에서는 마르크스주의의 핵심이 되는 철학, 경제학, 사회주의 사상에 대해 살펴보도록 하겠다.

(1) 철학 사상

마르크스주의 철학 사상의 중심은 '변증법적 유물론', '역사적 유물론', '소외론'이다. 마르크스는 헤겔과 포이어바흐(Feuerbach)를 비롯한 독일 근대 철학자들의 영향을 많이 받았는데, 이 독일 철학자들의 사상을 비판적으로 받아들여 자신의 철학 사상을 세웠다.

변증법적 유물론은 자연과 사회, 사고를 포함하여 세계 전체가 어떻게 존재하며 어떤 방식으로 운동하고 발전하는지를 밝힌 이론이다. 마르크스는 포이어바흐의 유물론과 헤겔의 변증법을 비판적으로 받아들이고 결합해서 '변증법적 유물론', 또는 '유물론적 변증법'을 완성했다. 유물론은 물질과 정신 가운데 물질이 1차적이고 근본적인 것이며, 정신은 이러한 물질에서 파생된 2차적이고 부수적인 것이라고 보는 이론이다. 즉, 물질이 정신을 낳게 하는 근본이며, 정신은 이러한 물질을 반영한 것이라는 입장이다. 변증법은 세계가 그 자체 속에 들어 있는 요소들 사이의 대립과 투쟁으로 말미암아 끊임없이 변화하고 운동하는 과정에 있다고 본다. 즉, 모든 사물 속에는 서로 화합할 수 없는 모순이 존재하기 때문에 대립과 갈등이 생기며, 그 결과로 세계는 항상 운동과 변화를 겪을 수밖에 없다는 것이다. 마르크스는 이러한 유물론과 변증법을 결합시킨 변증법적 유물론의 관점에서 세계를 분석했다. 그래서 그는 세계는 끊임없이 운동하고 변화하며, 그 원동력은 정신이 아니라 물질이라고 보았다. 헤겔이 관념, 즉 정신을 변화의 원동력으로 보았던 데 비해, 마르크스는 물질을 변화의 원동력으로 보았던 것이다.

역사적 유물론은 인간 사회와 역사가 어떻게 성립되고 존재하며 어떤 방식으로 변화하고 발전하는지를 밝힌 이론이다. 변증법적 유물론이 자연과 사회, 사고의 보편적인 운동과 발전 법칙을 다룬다면, 역사적 유물론은 그 가운데 사회의 운동과 발전 법칙을 다룬다. 역사적 유물론 또는 '유물론적 역사관'은 말 그대로 역사와 사회를 유물론 관점에서 이해한다. 헤겔이 관념, 즉 정신이 역사를 발전시키는 원동력이라고 보았다면, 마르크스는 물질, 즉 물질적 생산 활동이 역사를 발전시키는 원동력이라고 보았다. 인간은 생존하기 위해서 물질 생산 활동을 해야 하며, 이러한 물질 생산 활동이 사회의 토대, 즉 하부 구조가 되어 정치나 법, 종교, 사상과 같은 상부 구조를 결정한다는 것이다. 다시 말해 경제 활동의 형태가 사회의 지배 구조나 사상의 형태를 결정한다는 뜻이다. 이런 관점에서 보면 계급이나 계급의식도 경제적 이해관계에 따라 형성된다. 그래서 이런 관점을 '경제결정론'이라고 부르기도 한다. 마르크스는 경제의 토대가 되는 생산 양식을 기준으로 삼아서 인류의 역사가 원시 공동체 사회에서 출발하여 고대 노예제 사회, 중세 봉건제 사회, 근대 자본주의 사회를 거쳐 사회주의 또는 공산주의 사회로 발전한다고 보았다.

소외론은 자본주의 사회에서 발생하는 노동 소외와 인간 소외 문제를 다룬 이론이다. 마르크스는 인간을 '노동하는 존재'로 보았다. 인간은 자유롭고 창조적인 활동인 노동을 통해서 자신의 소질과 능력을 발휘하며, 이러한 과정에서 자아실현을 한다. 그런데 자본주의 사회에서는 이런 노동이 자본가의 이윤을 생산하기 위한 활동으로 바뀌면서 노동 소외가 일어나고 인간소외가 발생한다. 소외란 인간이 만든 노동 생산물이 생산의 주체인 인간과 분리되어 인간에게 낯선 존재, 대립적인 존재가 되고, 나아가 이것들이 오히려 인간을 억압하여 종속시키는 현상을 말한다. 인간은 자신이 만든 생산물을 자유롭게 사용할 수 있어야 하는데, 그렇게 하지 못하고 오히려 그러한 생산물로부터 지배를 받는 현상이 소외다.

그렇다면 자본주의 사회에서 이러한 소외 문제가 발생하는 이유는 무엇인가? 노동자는 생산 수단을 갖고 있지 않기 때문에 생계를 유지하기 위해 자본가에게 고용되어 임금을 받고 일을 해야 한다. 그 결과 노동자는 자신이 하고 싶은 일을 자유롭게 할 수 없으며, 자신이 생산한 물건도 자신이 마음대로 사용할 수 없다. 그래서 이 과정에서 노동자는 노동 소외를 겪게 된다. 노동이 개인의 소질과 능력을 발휘하고 자아를 실현하는 활동이 아니라, 생계를 유지하기 위해 어쩔 수 없이 해야 하는 강제적이고 억압적인 활동이 된 것이다. 그래서 마르크스는 이러한 노동 소외를 극복하기 위해서는 이윤만을 추구하는 자본주의의 사적 소유를 없애고 공동으로 생산하여 공동으로 분배하는 공산주의 사회를 건설해야 한다고 주장한다.

(2) 경제학 사상

마르크스주의 경제학은 자본주의 사회의 운영 원리와 그 문제점에 대해 다루는데, 마르크스는 자신의 경제학을 '정치경제학'이라고 부르기도 했다. 그의 경제학 사상은 뒤에 나오는 《자본론》 둘러보기'에서 자세하게 설명하기 때문에 여기서는 그 요점만 살펴보겠다.

자본주의는 중세 봉건제가 무너진 뒤에 등장한 경제 형태로서 다음과 같은 특징을 지닌다. 첫째, 자본주의 사회에서는 공장이나 토지와 같은 생산 수단의 사적 소유가 인정된다. 그래서 생산 수단을 가진 자본가와 그렇지 못한 노동자로 계급이 나누어진다. 둘째, 자본주의 사회에서는 상품 생산이 광범위하게 이루어지며, 심지어 인간의 노동력도 하나의 상품으로 거래된다. 셋째, 자본가들은 더 많은 잉여 가치 또는 이윤을 얻고자 하며, 이를 위해 온갖 수단과 방법을 이용한다.

마르크스는 이러한 자본주의 경제 형태가 여러 문제점을 지닌다고 비판했다. 그는 자본주의 사회를 도덕적으로 비판할 뿐만 아니라, 그 자체의 내부 모순으로 말미암아 반드시 무너질 수밖에 없음을 밝히려고 했다. 첫째, 잉여 가치 또는 이윤을 자본가가 가져가는 것은 노동자에 대한 착취로서 부당하다. 왜냐하면 잉여 가치의 원천은 노동자의 노동이기 때문이다. 둘째, 자본주의 경제가 발전할수록 이윤율은 낮아지는 경향을 보인다. 생산 규모가 커질수록 투자 비용에 비해 이윤율은 낮아지며, 이로 말미암아 자본가들은 이윤을 얻는 데 어려움을 겪는다. 셋째, 자본가들 사이의 치열한 경쟁 때문에 과잉 생산이 이루어지고, 그 결과 불황이나 공황이 발생해 경제가 혼란에 빠진다. 넷째, 사회적 부가 소수의 자본가에게 집중됨으로써 빈부 격차가 커진다. 노동자들은 빈곤에 시달리며, 특히 불황이나 공황 시기에는 높은 실업률 때문에 노동자들의 삶은 더욱 나빠진다. 이러한 상황에서 노동자들의 계급투쟁이 강화되며, 그 결과 자본주의는 위기를 맞이하여 무너질 수밖에 없다는 것이다.

(3) 사회주의 사상

마르크스의 사회주의 사상은 사회주의 또는 공산주의 사회는 어떤 사회이며, 그것을 건설하기 위해서는 어떻게 해야 하는가를 다룬다. 마르크스의 사회주의 사상은 생시몽(Saint-Simon), 푸리에(C. Fourier)와 같은 프랑스 사회주의 사상가와 오웬(R. Owen) 같은 영국 사회주의 사상가의 이론을 비판적으로 계승한 것이다.

마르크스 이전에도 여러 사상가와 철학자들이 새로운 이상 사회를 그려보거나, 또는 이러한 이상 사회를 건설하기 위한 방안을 제시했다. 플라톤(Platon)은 《국가》에서, 토마스 모어(Thomas More)는 《유토피아》에서 그러한 이상 사회를 꿈꿨다. 또한 새로운 이상 사회는 공산주의 사회가 되어야 한다고 주장하는 사상가들도 있었는데, 그들은 사적 소유와 계급이 사라져 모든 사람들이 자유롭고 평등하게 사는 공산주의적 공동체 사회를 추구했다. 19세기에 활발하게 이론 활동을 펼쳤던 생시몽, 푸리에, 오웬 같은 초기 사회주의자나 칼 그륀(Karl Grün), 모제스 헤스(Moses Hess) 같은 독일의 '진정한 사회주의자'들이 이러한 공산주의 사상가들에 해당된다.

그런데 마르크스는 이러한 사상가들이 공산주의 사회를 건설하기 위한 현실 조건이나 방안을 제대로 파악하지 못했다고 비판하면서, 이들을 '공상적 사회주의자'라고 불렀다. 마르크스는 공산주의 사회는 평화적이고 점진적인 방법이 아니라 물리력을 동원한 급진적인 방법을 통해서 건설될 수 있다고 보았다. 다시 말해 혁명을 통해서 공산주의 사회를 건설할 수 있다는 것이다. 그리고 공산주의 혁명에서 중심이 되어야 하는 세력은 '프롤레타리아트', 즉 노동자 계급이라고 보았기 때문에 프롤레타리아트 혁명을 주장한다. 마르크스는 이러한 혁명 이론이 공산주의 사회를 건설하기 위한 현실 조건이나 방안을 제대로 파악하고 있다고 생각하여 자신의 사회주의 이론을 '과학적 사회주의'라고 불렀다.

마르크스는 사회주의와 공산주의라는 개념을 특별히 구분하지 않고 거의 같은 의미로 사용했다. 그는 사회주의 또는 공산주의 사회의 낮은 단계에서는 '노동에 따른 분배'가 이루어지고, 높은 단계에서는 '필요에 따른 분배'가 이루어진다고 보았다. 그런데 나중에 레닌(Lenin)을 비롯한 다른 사회주의 사상가들이 두 개념을 구분하여 자본주의 사회에서 공산주의 사회로 넘어가는 과도기 단계, 즉 낮은 단계를 사회주의라고 부르고 높은 단계를 공산주의라고 규정한 것이다.

마르크스가 추구했던 공산주의 사회는 개인들이 자유로운 활동을 통해 자신의 고유한 능력과 개성을 마음껏 발휘할 수 있는 공동 소유와 공동 생산, 공동 분배를 하는 사회다. 마르크스는 이러한 공산주의 사회의 특징이나 운영 원리에 대해 이렇게 이야기한다. 공산주의 사회에서는 생산 수단의 사적 소유가 없어지고, 분업도 사라진다. 또한 생산력이 높은 수준으로 발전하고 계획에 따른 생산이 이루어지며, 물품은 필요에 따라 분배된다. 세계 여러 나라들 사이에서 교류와 협동이 이루어지며, 계급과 국가가 사라지고 그 대신에 자유로운 개인들이 연합한 공동체가 들어선다. 그래서 자유로운 시민 개개인이 사회 구조나 제도를 함께 지배하고 통제할 수 있는 자유의 왕국이 형성된다.

(4) 주요 저작

〈헤겔 법철학 비판 서설*Zur Kritik der Hegelschen Rechtsphilosophie Einleitung*〉(1844) : 헤겔의 법철학에 대해 비판한 논문이다. 여기서 마르크스는 독일 부르주아 계급이 혁명성을 잃었기 때문에 오직 프롤레타리아 계급만이 인간 해방을 위한 공산주의 혁명의 주체가 될 수 있다고 주장한다.

《경제학 철학 수고*Ökonomisch-philosophische Manuskripte*》(1844) : 흔히 《경철 수고》라고 불리는 이 책은 원고 형태로 보관되다가 1932년에 처음으로 출판되었다. 이 책에는 마르크스의 인간론 및 소외론이 담겨 있다.

《신성 가족*Die heilige Familie oder Kritik der kritischen Kritik*》(1844) : 마르크스와 엥겔스가 처음으로 함께 쓴 저작이다. 이 책에서 마르크스와 엥겔스는 청년헤겔학파의 관념론을 비판한다.

〈포이어바흐에 대한 테제*Thesen über Feuerbach*〉(1845) : 포이어바흐의 인간학적 유물론을 비판하면서 실천적 유물론을 옹호하는 11가지 테제(주장)를 제시한다. 마르크스는 제11테제에서 변혁적 실천 활동의 중요성을 강조하면서 다음과 같이 말한다. "지금까지 철학자들은 세계를 다양하게 해석해 왔다. 그러나 중요한 것은 세계를 변혁하는 것이다."

《독일 이데올로기*Die deutsche Ideologie*》(1846) : 마르크스와 엥겔스의 공동 저작으로 1932년에 출판되었다. 관념론적 역사관을 비판하고 역사적 유물론을 주장한 저서로서, 마르크스주의를 형성하는 데 결정적인 기여를 한 저작으로 평가된다.

《철학의 빈곤*Das Elend der Philosophie*》(1847) : 프루동의 사회주의 이론이 프롤레타리아트 혁명을 거부하는 소시민 입장을 취한다고 비판한 책이다.

《공산당 선언*Manifest der Kommunistischen Partei*》(1848) : 마르크스와 엥겔스의 공동 저작으로 혁명 조직인 '공산주의자동맹'의 강령을 밝힌 선언문이다. 프롤레타리아 계급투쟁을 분석하면서 공상적 사회주의자를 비판한 내용이 담겨 있다. 이 책은 마르크스주의를 대중들에게 처음으로 널리 알리는 계기가 되었으며, 나중에 가장 많이 읽히는 저작이 되었다.

《1848년에서 1850년 사이의 프랑스 계급투쟁*Die Kla ssenkämpfe in Frankreich 1848 bis 1850*》(1850) : 1848년 파리에서 벌어진 노동자들의 투쟁을 분석한 책이다. 마르크스는 노동자들의 봉기가 공화국 정부에 의해 무너지는 것을 보면서, 이제 부르주아지와 봉건 세력 사이의 투쟁보다는 부르주아지와 프롤레타리아트 사이의 투쟁이 더 중요하게 떠오르고 있으며, 혁명의 과도기 단계에서는 프롤레타리아트 독재가 필요하다는 점을 주장한다.

《정치경제학 비판*Zur Kritik der Politischen Ökonomie*》(1859) : 상품과 화폐를 중심으로 자본주의 경제를 분석한다. 마르크스는 이 책의 서문에서 역사적 유물론의 요점을 체계적으로 정리하여 밝혔다.

《자본론 제1권*Das Kapital Band I*》(1867) : 자본주의 경제의 운영 원리와 그 문제점을 자세하고 철저하게 분석하고자 했던 4부작 가운데 제1권이다. 제2권과 제3권은 초고 형태로 보관되다가 마르크스가 죽은 뒤에 엥겔스에 의해서 1885년과 1894년에 각각 출판되었고, 제4부는 완성되지 못했다.

〈고타 강령 비판*Kritik des Gothaer Programms*〉(1875) : 독일노동당의 통합을 위해 고타에서 제정된 강령을 비판한 논문이다. 생산력이 낮은 단계인 사회주의 사회에서는 노동에 따른 분배 원리가 적용되

고, 생산력이 높은 단계인 공산주의 사회에서는 필요에 따른 분배
원리가 적용되어야 한다는 주장이 들어 있다.

3. 《자본론》 둘러보기

마르크스의 사상 가운데 경제학 분야, 특히 자본주의 경제를 집중
해서 다룬 저서가 바로 《자본론》이다. 이 책의 분량은 독일어 원본의
경우 거의 2,400쪽에 이를 정도이며, 그 내용도 전문 경제학 저서이
기 때문에 상당히 어려운 편이다.

그가 이 책을 쓰게 된 동기는 자본주의 사회가 지닌 지나친 이윤
추구와 빈부 격차, 비인간적인 노동 착취 때문이었다. 마르크스는 자
본주의가 소수 자본가에 의한 다수 노동자의 착취를 기반으로 하기
때문에 정당하지 않을 뿐만 아니라 그 자체의 모순으로 말미암아 무
너질 수밖에 없으며, 따라서 사회주의 혁명이 일어날 수밖에 없다는
점을 증명하려고 했다.

(1) 주요 내용

마르크스는 《자본론》에서 그 당시 자본주의가 가장 발전한 영국
사회를 구체적인 연구 대상으로 삼아 자본주의 사회를 분석했다. 자

본주의 경제의 특징은 무엇인가? 자본주의 경제는 어떻게 운동하는가? 자본주의 경제는 어떤 문제점을 안고 있는가? 마르크스는 바로 이러한 문제들을 밝히고자 했다. 이를 위해 제1권에서는 '자본의 생산 과정'을, 제2권에서는 '자본의 유통 과정'을, 제3권에서는 '자본의 총과정'을 다루었다.

▎자본의 생산 과정(제1권)▎

제1권 자본의 생산 과정은 자본이 생산 과정에서 어떻게 잉여 가치를 만들어 내는지, 자본 축적은 어떻게 이루어지는지를 설명한 부분이다. 자본주의 경제의 가장 중요한 특징 가운데 하나는 상품 생산이다. 자본주의 사회에서 대부분의 생산물은 상품 형태로 시장에서 거래된다. 이러한 상품의 가치, 즉 교환 가치는 그 상품을 생산하는데 들어간 노동 시간에 의해 결정된다. 상품 교환이 활발해지면 교환의 편리성을 위해 화폐가 등장한다. 그런데 자본주의 사회에서는 화폐만 있으면 모든 것을 살 수 있기 때문에, 화폐가 강력한 힘을 가진 신비한 존재로 보인다. 그래서 화폐를 숭배하는 황금만능주의나 물신화가 나타난다.

자본가는 잉여 가치를 얻기 위해 화폐를 생산 과정에 집어넣는다. 이렇게 생산 과정에 들어간 화폐를 자본이라고 한다. 자본은 더 많은 화폐를 얻기 위해 끊임없이 운동하는데, 이 과정에서 추가로 얻는 가치가 잉여 가치다. 그렇다면 잉여 가치는 어떻게 생산되는가? 자본가는 임금을 주고 고용한 노동자와 생산 수단을 결합하여 상품을 생산한다. 그런데 불변 자본인 생산 수단은 자신의 가치를 생산물에 옮기는 데 그치지만, 가변 자본인 노동력은 자신의 가치(임금)를 넘어서는 잉여 가치를 만들어 낸다. 그러므로 노동자의 노동이 바로 잉여 가치의 원천인 것이다. 따라서 자본가가 가져가는 잉여 가치는 노동자에 대한 착취라고 볼 수 있다.

자본가는 더 많은 잉여 가치를 얻기 위해서, 즉 노동자에 대한 착취를 강화하기 위해서 다양한 방법을 이용한다. 먼저 자본가는 노동자에게 더 많은 노동을 시켜 더 많은 잉여 가치를 얻으려고 노동 시간을 늘리는데, 이렇게 생산된 잉여 가치가 절대적 잉여 가치다. 자본가들은 노동 시간을 늘리기 위해서 노동자들의 퇴근 시간을 늦추기도 하고, 휴식 시간과 식사 시간을 줄이기도 하는 등 온갖 불법 수단을 이용한다. 이 과정에서 장시간 노동을 강요당하는 노동자들은 잉여 가치를 생산하기 위한 하나의 수단이 되면서 노동 소외를 겪는다.

다음으로 상대적 잉여 가치를 생산하는 방법이 있다. 상대적 잉여 가치란 노동 생산성을 높임으로써 같은 노동 시간 동안에 필요 노동 시간을 줄이고 잉여 노동 시간을 상대적으로 늘리는 방법으로 생산된 잉여 가치다. 특히, 어떤 자본가가 다른 자본가보다 먼저 새로운 기술을 도입하여 노동 생산성을 높인다면, 좀 더 값싸게 상품을 생산하여 더 많은 이익을 얻을 수 있는데, 이것을 특별 잉여 가치라고 한다. 따라서 자본가들은 더 많은 상대적 잉여 가치 또는 특별 잉여 가치를 얻기 위해서 노동 생산성을 높이는 데 큰 관심을 기울인다. 이런 사정으로 자본가들은 처음에는 협업과 매뉴팩처 생산 방식을 도입하고, 나중에는 더 발전된 단계인 기계제 대공업 생산 방식을 도입한다. 그렇지만 이 과정에서 분업이 확대되어 노동자들은 단순 작업을 반복하고, 기계와 자본에 대한 노동자들의 종속도 강화되어 노동 소외가 심해진다.

이렇게 자본가는 노동 시간 연장이나 노동 생산성 향상을 통해서 절대적, 상대적 잉여 가치를 얻는다. 그런데 이런 자본의 잉여 가치 획득은 한 번으로 그치지 않고 반복해서 되풀이된다. 이 과정에서 자본가는 잉여 가치를 개인적으로 모두 소비하지 않고 그 일부분을 재생산 과정에 다시 집어넣어 더 많은 자본을 축적하려고 한다. 자본가는 다른 자본가들과의 경쟁에서 살아남기 위해서 생산 설비를 늘리고 생산의 효율성을 높이려고 한다. 이를 확대 재생산이라고 부른다. 이렇게 자본가는 점차 더 큰 규모의 생산 설비와 더 많은 잉여 가치의 생산을 위해 끊임없이 경쟁하며, 그 가운데 살아남은 자본가는 더 큰 자본가로 성장한다.

그러면 자본의 최초 생성 과정은 어떻게 이루어졌을까? 역사적으로 볼 때, 자본의 시초 축적은 봉건 영주들이 양모 생산을 위해 농민들의 토지를 강제로 빼앗으면서 시작되었다. 토지에서 쫓겨난 농민들은 생존을 위해 임금 노동자로 변신하며, 봉건 영주들은 그러한 노동자들을 고용하여 양모를 생산하는 자본가로 변신한다. 이 과정은 강제와 사기, 협잡을 통해 이루어진다. 여기서 노동자와 자본가라는 자본주의적 생산 관계가 형성된다. 자본주의가 발전할수록 자본 축적은 더욱 빨라져 대자본이 형성된다. 대자본은 사회적 생산과 사적 소유라는 자본주의적 모순을 더욱 심화시킴으로써 자본주의를 붕괴의 위기로 몰아넣는다.

▌자본의 유통 과정 (제2권) ▌

제2권 자본의 유통 과정은 자본이 잉여 가치를 얻기 위해 어떻게 순환 운동과 회전 운동을 하는지 설명한 부분이다. 생산 과정에 들어간 자본은 여러 단계의 운동 과정을 거치면서 그 형태가 바뀌게 되는데, 이러한 운동 과정에서 자본이 원래 자신의 형태로 되돌아가는 것을 자본의 순환이라고 한다. 자본은 일반적으로 M(화폐)―C(상품)… P(생산)…C'(잉여 가치가 더해진 상품)―M'(잉여 가치가 더해진 화폐)라는 순환 과정을 거친다. 제1단계로 자본가는 화폐(M)를 가지고 생산에 필요한 생산 수단이나 노동력과 같은 상품(C)을 구입한다. 제2단계로 이렇게 구입한 생산 수단과 노동력을 결합시켜 생산(P)을 하게 된다. 생산 수단은 자신의 가치를 새로운 생산물에 그대로 옮기지만, 노동력은 자신의 가치보다 더 많은 잉여 가치를 생산하여 새로운 생산물로 옮긴다. 따라서 생산 과정을 거치면 잉여 가치가 더해진 상품(C′)이 생산된다. 제3단계로 이러한 잉여 가치가 더해진 상품(C′)을 판매하여 화폐(M′)를 얻는다. 이때 얻는 화폐는 잉여 가치를 포함하기 때문에 처음에 들어간 화폐(M)보다 그 양이 더 늘어난다. 그래서 자본은 순환 운동을 통해서 자본을 축적하게 된다.

자본은 한 번의 순환 운동으로 그치는 것이 아니라 주기적인 반복 순환 운동, 즉 회전 운동을 통해 계속해서 더 많은 잉여 가치를 생산하려고 한다. 자본의 회전 기간은 자본이 1회 순환하는 데 걸리는 기간이다. 자본의 순환 운동은 생산 과정과 유통 과정이 결합된 것이기 때문에, 자본의 회전 기간은 결국 생산 기간과 유통 기간을 합한 것과 같다. 이러한 회전 기간이 짧을수록 자본은 일정 기간 동안 더 많이 회전할 수 있으며, 그 결과 쌓이는 잉여 가치의 총량도 많아진다. 그래서 자본가는 자본의 회전수를 늘리기 위해 노동 시간을 늘리고 기계를 쉬지 않고 활용하기 위해 주간과 야간 노동의 교대제 등을 실시한다.

▍자본주의적 생산의 총과정 (제3권) ▍

제3권 자본주의적 생산의 총과정은 개별 자본들이 서로 영향을 주고받으면서 자본이 전체적으로 어떤 운동을 하는지 설명한 부분이다. 개별 자본들은 서로 영향을 주고받으면서 운동하는데, 그 결과 상호 연관된 사회적 총자본이 형성된다. 사회적 총자본은 크게 보면 생산 수단을 생산하는 Ⅰ부문과 소비수단을 생산하는 Ⅱ부문으로 구성된다. 자본가는 잉여 가치의 원천이 어디에 있는지에 대해서는 별로 관심이 없으며, 오로지 총자본이 얼마만큼의 이윤을 생산하는지에만 관심을 기울인다. 자본가들은 더 많은 이윤을 얻기 위해 서로 치열한 경쟁을 벌이면서, 이윤율이 낮은 분야의 자본을 이윤율이 높은 분야로 이동시킨다. 이러한 자본의 이동을 통해서 자본이 다양한 분야에 분배되면 이윤율은 점차 비슷한 수준에 도달하여 평균 이윤율이 형성된다. 그 결과 대부분의 자본은 비슷한 수준의 이윤율을 얻게 된다.

자본주의가 발전하면 생산 과정을 담당하는 산업 자본뿐만 아니라 유통 과정을 담당하는 상업 자본도 형성된다. 그래서 산업 자본은 생산 과정에서 만들어진 잉여 가치의 일부를 상업 자본에 나누어 주는데, 이것이 상업 이윤이다. 또한 산업 자본가는 화폐 자본가나 대부 자본가에게 돈을 빌린 다음에 이에 대한 대가로 이자를 지불하는데, 이 이자의 원천 역시 산업 자본이 생산한 잉여 가치다. 토지 소유자는 자신의 토지를 농업 자본가에게 빌려 주고 그 대가로 지대를 받는다. 따라서 지대의 원천 또한 농업 자본가가 생산한 잉여 가치다. 이처럼 상업 이윤, 이자, 지대를 포함하여 모든 이윤은 생산 과정에서 만들어진 잉여 가치에서 나온 것이기 때문에 모든 이윤의 원천은 노동자의 노동이다.

자본은 대체로 평균 이윤을 얻지만, 자본가들은 치열한 경쟁에서 살아남기 위해서 남보다 더 빨리 더 많은 이윤을 얻으려고 생산 수단에 대한 투자를 계속 늘린다. 그 결과 불변 자본(생산 수단)에 대한 가변 자본(노동력)의 비율이 상대적으로 낮아진다. 그런데 잉여 가치의 원천인 가변 자본, 즉 노동력의 비율이 낮아지기 때문에 총자본에 대한 잉여 가치의 비율, 즉 이윤율도 낮아진다. 자본가들은 생산성을 높이기 위해 생산 수단에 대한 투자를 늘려 자본 축적을 가속화하지만, 그 과정에서 이윤율 저하라는 문제에 부딪치게 된다.

평균 이윤율의 저하 경향은 자본주의의 모순을 심화시킨다. 자본의 최고 목표는 이윤을 얻는 것인데, 이렇게 평균 이윤율이 떨어지면 이윤을 얻기가 어려워지고, 새로운 자본 투자도 줄어들어 자본주의적 생산 과정이 위협을 받는다. 또한 이윤율이 떨어지면 자본가들은 잉여 가치의 양을 늘리기 위해 더 많이 생산하려고 하기 때문에 과잉 생산이 발생하여 공황으로 이어진다. 이것은 사회적 생산과 사적 소유 사이의 모순이라는 자본주의의 근본 모순 때문에 일어나는 현상이다. 이렇게 되면 실업으로 생존의 위기에 처한 노동자들의 계급투쟁도 격렬해진다. 결국 자본주의는 이러한 혼란이 주기적으로 일어나 마침내는 무너지게 된다.

4.《자본론》의 현대적 의의

오늘날과 같은 첨단의 디지털 시대에《자본론》은 어떤 의미를 지닐까?《자본론》은 19세기 산업 자본주의 사회를 분석한 책이기 때문에, 과학 기술과 정보가 중심이 된 21세기 정보화 사회에는 적합하지 않다는 비판도 있다.《자본론》은 시대에 뒤떨어진 이야기를 담고 있기 때문에 현대 사회를 이해하는 데 별로 도움이 되지 않는다는 것이다. 물론 이러한 비판에도 맞는 측면이 있다. 그러나 우리가 시야를 조금만 더 넓혀 본다면 이러한 비판이 일면적이라는 것을 알 수 있다. 마르크스가《자본론》에서 이야기한 자본주의 사회의 주요한 특징이나 문제점은 현대 정보화 사회에서도 여전히 나타나기 때문이다.

상품 생산은 정보화 사회에서 더욱 확대되어, 이제 문화나 지식마저도 돈으로 사고파는 하나의 상품이 되었다. 또한 기업이나 회사에 고용되어 월급을 받으면서 일을 하는 임금 노동의 형태도 더욱 보편화되었으며, 그 결과 임금 노동자의 수나 비율이 예전에 비해 훨씬 더 많아졌다. 선진 자본주의 국가에서 노동자들의 평균 임금이 높아지고 복지 수준이 향상된 것은 사실이지만, 국민들 사이의 빈부 격차는 여전하며 굶어죽기까지 하는 빈곤층도 상당히 존재한다. 세계화라는 구호가 무색하게 동남아시아나 아프리카와 같은 제3세계 노동자들의 평균 임금은 겨우 생계를 유지할 수 있을 정도로 매우 낮으며, 실업자나 부랑자 같은 극빈 계층의 비율도 꽤 높아서 굶주림이 심각한 사회 문제가 되고 있을 정도다.

마르크스가 지적했듯이, 자본가들은 이윤을 더 많이 얻는 것을 목표로 삼는다. 그래서 이들은 새로운 생산 수단과 첨단 기술을 도입하여 생산성을 높이기 위해 온갖 노력을 기울인다. 자본가들은 치열한 경쟁에서 살아남기 위해 끊임없이 새로운 투자를 하고 생산 규모를 확대하며, 이 과정에서 자본 축적은 더욱 가속화된다.

더구나 기업들의 경쟁은 한 국가를 넘어서서 세계 시장으로 확대되고 있으며, 이제 경쟁의 규모나 강도는 상상을 초월할 정도가 되었다. 미국 뉴욕에서 아프리카 오지에 이르기까지 지구촌 곳곳이 기업들의 치열한 전쟁터로 바뀌고 있다. 기업들 사이의 지나친 경쟁 때문에 중복 투자나 과잉 투자가 이루어지며, 과잉 생산 때문에 제품이 시장에서 제대로 팔리지 않아 경기 침체와 불황이 자주 일어난다. 이러한 과정에서 노동자들은 3,40대에 실업의 위기에 몰리기도 하고 지나친 스트레스로 말미암아 인간성이 파괴되기도 한다.

이처럼 현대 정보화 사회도 마르크스가 이야기했던 자본주의 사회의 특징과 문제점을 그대로 안고 있다. 따라서 오늘의 정보화 사회도 자본주의 사회의 연장선에서 이해할 수 있다. 물론 복지 국가의 등장, 중산층의 확대 및 빈부 격차의 완화, 자유 경쟁의 효율성 등을 근

거로 마르크스의 주장이 틀렸다고 비판할 수도 있다. 사실《자본론》
이 출간된 지 벌써 100여 년이 훨씬 지났기 때문에 그 내용을 지금
현실에 그대로 적용하는 데는 한계가 있을 수밖에 없다.

　그렇지만 이러한 한계에도 불구하고《자본론》은 자본주의 사회를
분석하고 이해하기 위한 고전으로서 그 역사적 가치를 지닌다. 또한
현대 정보화 사회에서도 여전히 드러나는 자본주의의 문제점을 이해
하고 비판하기 위한 개념 틀을 제공하기 때문에 현실적 가치도 매우
크다. 이처럼《자본론》은 근대와 현대에 걸쳐 우리의 삶을 지배하는
자본주의를 분석하고 비판하기 위한 열쇠를 제공한다는 점에서 매우
중요한 고전이라고 할 수 있다. 따라서 이 책을 통해 마르크스가 지
적했던 자본주의 사회의 문제점들을 올바르게 파악할 수 있게 되기
를 진심으로 바란다.

마르크스 연보

1818년

5월 5일 독일 트리에서 태어났다. 그의 아버지는 유대인으로 변호사 활동을 했다. 그는 유복한 중산층 가정에서 자유로운 유년 시절을 보냈다.

1835년

본 대학 법학부에 입학했으며, 이듬해에 베를린 대학으로 전학했다. 헤겔 철학을 열심히 공부했고, 1841년 예나 대학에서 〈데모크리토스와 에피쿠로스의 자연 철학의 차이〉라는 논문으로 철학 박사 학위를 받았다.

1842년

정치 신문인 《라인 신문》의 편집장을 맡았다. 이듬해에 같은 고향 출신의 예니와 결혼했다.

1844년

프랑스 파리에서 공산주의 조직과 노동 운동에 관심을 갖게 되었으며, 사상의 동반자인 엥겔스를 만났다. 이때 《경제학 철학 수고》를 썼는데, 이 책은 초고 형태로 보관되다가 1932년에 출판되었다. 엥겔스와 공동으로 《신성 가족》도 썼다.

1845년

파리에서 추방되어 브뤼셀로 이주했는데, 여기서 〈포이어바흐에 대한 테제〉를 작성했다. 이듬해에 이를 바탕으로 엥겔스와 함께 《독일 이데올로기》를 썼다. 이 책은 원고 형태로 보관되다가 1932년에 출판되었다.

1847년

《철학의 빈곤》을 썼으며, 혁명 조직인 '공산주의자동맹'을 창립했다. 이 듬해에 엥겔스와 공동으로 《공산당 선언》을 작성했고, 유럽 각국에서 발생한 공화주의 혁명을 전파하기 위해 독일로 귀국했다.

1849년

독일에서 추방되어 프랑스 파리를 거쳐 영국 런던으로 이주했다. 영국 대영박물관에서 본격적으로 경제학 연구에 몰두하기 시작했다.

1852년

1848년 유럽 혁명을 분석한 《1848년에서 1850년 사이의 프랑스 계급투쟁》과 《루이 보나파르트의 브뤼메르 18일》을 썼다.

경제학 저서인 《정치경제학 비판 요강》을 썼는데, 원고 형태로 보관되다가 1939년에 출판되었다. 이듬해에는 《정치경제학 비판》을 썼다.

제1인터내셔널(국제노동자협회) 창립에 적극 참여하여 창립선언문과 규약을 작성하고, 실질적인 지도자 역할을 맡았다.

《자본론》 제1권을 출판했으며, 제2권과 제3권은 초고 형태로 보관되다가 1885년과 1894년에 엥겔스에 의해서 각각 출판되었다.

프랑스 노동자들이 봉기하여 코뮌을 선포하자, 이를 옹호하는 《프랑스 내전》을 썼다.

독일 노동당 통합을 위해 제정된 고타 강령을 비판하기 위해 〈고타 강령 비판〉을 작성했다.

3월 14일 뛰어난 이론가이자 혁명가로서 노동자 계급의 해방을 위해 열정적인 삶을 살다가 영국에서 사망했다.